Marc Raffinot
Baptiste Venet

La balance des paiements

Éditions La Découverte
9 *bis*, rue Abel-Hovelacque
75013 Paris

Remerciements

Les auteurs remercient H. Hamon, B. Guillochon, A. Kawecki et Ph. Bernard, ainsi que trois rapporteurs anonymes pour leurs remarques constructives sur une première version de ce texte.

Si vous désirez être tenu régulièrement informé de nos parutions, il vous suffit d'envoyer vos nom et adresse aux Éditions La Découverte, 9 *bis*, rue Abel-Hovelacque, 75013 Paris. Vous recevrez gratuitement notre bulletin trimestriel **À la Découverte**. Vous pouvez également retrouver l'ensemble de notre catalogue et nous contacter sur notre site **www.editionsladecouverte.fr**.

ISBN 2-7071-3568-2

Introduction

La balance des paiements (BP) est un document statistique qui présente l'ensemble des flux entre une économie et le reste du monde durant une période donnée. La balance des paiements est l'un des documents couramment utilisés (notamment par le FMI) pour établir le diagnostic de l'évolution macroéconomique d'une économie.

C'est le plus ancien document à caractère macroéconomique. Au Royaume-Uni, les premiers relevés de transactions commerciales internationales remontent au XIIIe siècle, lorsque reprend le commerce international à la suite des croisades, et les séries régulières remontent à 1696. Des balances des paiements sont établies depuis 1816. La balance des paiements a donc précédé la comptabilité nationale de plus d'un siècle. Pourquoi les économistes des XVIe et XVIIe siècles (mercantilistes) pensaient-ils que l'information sur les flux avec l'extérieur était plus importante que celle concernant la production de richesses à l'intérieur de l'économie ?

Pour eux, la réponse se formulait schématiquement ainsi : une nation s'enrichit lorsqu'elle accumule des métaux précieux, disons de l'or. C'est l'idée principale de Colbert : produisons autant que possible pour ne pas avoir à importer de l'étranger et lui verser l'or national en échange. La question a été discutée passionnément pendant des siècles, et pas uniquement sous l'angle économique. La richesse de la nation, à l'époque, est comprise comme la richesse du prince, le fondement de sa puissance. Et sa puissance est bornée par les frontières de l'État : là où se contrôlent les échanges, là où se mesurent ce qui entre et ce qui sort. Les États-nations ont d'abord affirmé leur existence en précisant leurs limites géographiques et économiques.

L'approche mercantiliste est aujourd'hui jugée « naïve », et l'on se réfère plus volontiers aux économistes qui prirent une position opposée, en recherchant l'origine de la « richesse des nations » non plus dans les relations extérieures mais dans les processus d'accumulation interne. Pourtant, chaque fois qu'il est question d'ouverture, de libre-échange, de protectionnisme ou de délocalisations, le vieux débat mercantiliste semble renaître : essayons de gagner autant que possible, y compris au détriment de l'étranger.

La balance des paiements décrit les relations avec les agents qui n'appartiennent pas à l'économie nationale. Avec ces « non-résidents », l'échange fait problème pour la simple raison qu'ils ne sont pas forcés d'accepter notre monnaie. À nos frontières, celle-ci perd son pouvoir libératoire illimité fixé par la loi. De ce point de vue, la balance des paiements décrit donc l'ensemble des transactions qu'il a fallu payer avec des moyens de paiement internationaux : des devises (monnaies acceptées par les non-résidents), de l'or, des droits de tirage spéciaux (DTS), etc., ainsi que, dans l'autre sens, les sommes en moyens de paiement internationaux (MPI) que l'économie a reçues. La balance des paiements nous renseigne donc d'abord sur cette question : avons-nous reçu plus de MPI que nous en avons versés à l'extérieur ? Elle permet aussi de préciser quels types d'échanges sont à l'origine de cet excédent (ou sont la cause de ce déficit).

À partir de là, il faut se demander si l'économie a suffisamment de devises en réserve pour effectuer les paiements en devises qui pourront être exigés (si le pays est endetté à l'égard de l'étranger) ou qu'elle devra effectuer d'une manière ou d'une autre (parce que certains produits ne sont pas disponibles sur le territoire national, ou que l'économie domestique n'est pas en mesure de les fabriquer à un coût raisonnable, par exemple). Face à cette contrainte (trouver des MPI pour pouvoir importer, faire face aux échéances de la dette extérieure), tous les pays ne sont pas égaux. Certains disposent de « devises clés » et leur monnaie nationale est acceptée à l'extérieur de leurs frontières. C'est surtout le cas des États-Unis. C'est un des enjeux de l'introduction de l'euro en Europe.

Les crises financières internationales de plus en plus fréquentes ont montré que la transparence de l'information, et notamment des données concernant les balances de paiements, joue un rôle décisif : c'est une des leçons de la crise asiatique de 1997. Les créanciers ont découvert très tard la baisse de réserves de la Thaïlande, ce qui a contribué à la brutalité de leur réaction.

La mondialisation ou le développement des unions monétaires modifient progressivement les choses. Peut-être même au point de rendre dépassées toutes les pratiques antérieures. Avec l'euro, quel besoin avons-nous encore d'une balance des paiements française, allemande, etc. ? Nous n'établissons pas de balance des paiements pour la Bretagne ou la Bourgogne (pas plus que pour la Basse-Saxe ou la Bavière, qui sont pourtant des *Länder* jouissant d'une certaine autonomie). Alors, pourquoi ne pas nous contenter de la lecture de la balance des paiements européenne ?

Pour étudier ces questions, nous partirons d'une présentation synthétique de la balance des paiements (BP) de la zone euro. Nous décrirons ensuite les normes et conventions qui président à la présentation des BP, en prenant pour exemple la BP française (chapitre II). Le chapitre III analyse la dynamique de la BP, ce qui pose le problème de la soutenabilité de la dette extérieure. Le chapitre IV définit l'équilibre de la BP au sens « économique » du terme. Le chapitre V décrit les mécanismes qui assurent le retour à l'équilibre de la BP. Le sixième et dernier chapitre montre comment la politique économique ou un choc externe peuvent être à l'origine d'un déséquilibre temporaire de la BP (le passage de la politique de relance de 1981 à la politique de « franc fort » en est un bon exemple). Les mécanismes correcteurs qui interviennent alors peuvent annuler (ou au contraire amplifier) les effets de ces chocs.

I / La logique d'ensemble de la balance des paiements

Dans ce chapitre, nous exposons les notions de base à partir de la balance des paiements (BP) de la zone euro (ZE [1]). L'objectif est de présenter la logique générale des BP. La BP française sera présentée à titre de seconde illustration. Le chapitre II entrera dans les détails de la nomenclature, qui brouillent trop souvent la vision d'ensemble.

1. La balance des paiements en flux : débits et crédits

La balance des paiements retrace l'ensemble des flux entre une économie et le reste du monde durant une période donnée (une année, un trimestre, un mois). Plus précisément, il s'agit de retracer les flux entre les résidents d'une économie et les non-résidents (voir encadré ci-contre).

En général, les opérateurs extérieurs à la zone euro veulent être payés dans leur monnaie (ou en or, ou dans d'autres valeurs largement acceptées, ou encore avec d'autres marchandises dans le cas du troc). Dans une première approche, nous pouvons considérer la BP comme l'ensemble des sommes en devises qui entrent et sortent d'une économie pendant une période.

1. Le nom officiel de la ZE est « Union économique et monétaire » (UEM). Elle est née le 1er janvier 1999 et regroupa d'abord onze pays : l'Allemagne, l'Autriche, la Belgique, l'Espagne, la Finlande, la France, l'Irlande, l'Italie, le Luxembourg, les Pays-Bas et le Portugal. Le 1er janvier 2001, la Grèce est devenu le douzième membre de l'Union, si l'on ne tient pas compte du Vatican.

Économie, résidents et non-résidents

Les notions d'« économie », de « pays », de « reste du monde » sont assez vagues. C'est pourquoi la définition de la balance des paiements se réfère au concept de résidence. Comme dans le Système de comptabilité nationale (SCN), la résidence est déterminée par le centre d'intérêt économique, non par la nationalité. Un résident est une personne physique qui a une activité dans une économie depuis plus d'un an, ou une personne morale pour ses établissements dans une économie (filiale, succursale, agence, bureau, etc.). Ainsi, une firme qui a une activité en France est une entreprise résidente française, même si son capital est détenu à 100 % par des non-résidents. Enfin, les administrations publiques restent résidentes de leur pays d'origine. Cela vaut notamment pour les ambassades et consulats : leurs achats locaux sont des exportations de l'économie où elles se situent. L'achat d'un véhicule par l'ambassade des États-Unis en France est donc considéré comme une exportation française à destination des USA. Il en va de même pour les militaires et fonctionnaires étrangers.

Une économie n'est pas nécessairement un pays, au sens politique du terme. Par exemple, les autorités de Hong Kong établissent une balance des paiements, de même que les TOM français (Nouvelle-Calédonie, Polynésie, etc.). Les TOM (qui ne font pas partie de l'UE) ne sont pas inclus dans la balance des paiements française remise à la BCE (mais inclus dans celle qui est remise au FMI). Le gouvernement du Québec ne publie pas de BP en tant que telle, mais un relevé des transactions commerciales de la province avec le « reste du monde » (y compris les autres provinces canadiennes).

Les flux entrants de devises sont notés au crédit (une façon traditionnelle de nommer les ressources dans les BP). Les flux sortants de devises sont placés au débit (emplois). La partie « crédit » (ressources) de la BP décrit l'origine des devises entrées dans l'économie. Les ressources ne sont pas seulement des recettes. Parmi les flux qui entrent dans une économie au cours d'une période, il y a aussi de nouveaux emprunts (ou tirages), qui sont des ressources mais pas des recettes (parce que ces flux vont induire des sorties de devises dans le futur). Symétriquement, le débit retrace non seulement les dépenses en devises, mais aussi le remboursement des emprunts ou les prêts accordés au reste du monde.

Comme la BP retrace, pour une économie et une période données, l'origine (les ressources) et l'utilisation (les emplois) des devises, le total du crédit est nécessairement égal à celui du débit. C'est un équilibre comptable, rien de plus. Il nous indique qu'il n'y a pas d'erreur dans l'enregistrement. En ce sens purement comptable, *les BP sont donc toujours équilibrées*, comme tous les comptes qui recensent des ressources et des emplois.

Pour comptabiliser tous ces flux, on les traduit dans une même unité de compte. En général, il s'agit de la monnaie nationale (les flux en devises sont alors convertis en monnaie nationale) ou une monnaie de référence : les balances des paiements établies par le FMI le sont généralement en dollars.

Pour permettre une analyse économique de la BP, les entrées et sorties de devises sont classées en un certain nombre de grandes catégories. La première d'entre elles concerne les flux de biens et services. Par services, on entend ici toutes les productions immatérielles (transports, assurances, séjours en hôtel, etc.). Les exportations figurent au crédit, puisque les gains en devises correspondants entrent dans l'économie, tandis que les importations figurent au débit.

Dans les BP, on nomme « balance » les soldes (crédit-débit) d'un ou plusieurs postes. Le tableau 1 présente la balance des paiements de la ZE en 2001. Comme l'implique la comptabilisation ressources-emplois, le total du crédit est égal au total du débit. Dans ces conditions, que veut-on dire lorsque l'on parle de BP excédentaire ou déficitaire ?

TABLEAU 1. — BALANCE DES PAIEMENTS DE LA ZONE EURO
(année 2002, milliards d'euros)

	Crédit	*Débit*	*Solde*
1. Biens et services	1 384	1 238	146
2. Revenus	236	275	– 39
3. Transferts courants	85	130	– 45
4. Capital	19	7	12
5. Opérations financières	396	467	– 71
6. Variation des réserves		3	– 3
Total	2 119	2 119	0

Source : Banque centrale européenne (BCE), *http://www.ecb.int/stats/mb/*, consulté le 5 avril 2003. Le poste « Opérations financières » inclut les erreurs et omissions.

On appelle « solde global de la balance des paiements » le total des soldes concernant les postes 1 à 5. Ici, la balance globale des paiements de la ZE est donc excédentaire à hauteur de 3 milliards d'euros. Cet excédent se traduit par une

Les réserves de change

Dans une économie, différents agents détiennent des devises ou d'autres moyens de payer des non-résidents. Pour payer des non-résidents, il est possible d'utiliser les sommes qui ont été stockées, que l'on nomme « réserves de change » (en abrégé : réserves) ou « avoirs extérieurs ». Puisque la BP concerne l'économie tout entière, il serait assez logique de considérer comme réserves toutes les devises détenues par les agents (ménages, entreprises, institutions financières dont la banque centrale, administrations publiques). En réalité, le FMI conserve une approche restrictive, héritée de l'époque où les détenteurs de devises devaient les céder à la banque centrale, en ne considérant comme réserves que les devises qui sont à la « disposition immédiate de la banque centrale pour intervenir sur le marché des changes ». La Banque de France a une vision plus large des réserves, qui inclut tout ce qui est détenu par le système bancaire. Dans les pays où les résidents peuvent ouvrir des comptes en devises (dans le pays ou à l'extérieur), une approche restrictive des réserves est discutable puisqu'elle exclut les avoirs en devises des entreprises et des particuliers.

Les réserves peuvent être utilisées par la banque centrale pour intervenir sur le marché des changes et essayer ainsi de maintenir le taux du marché dans la fourchette souhaitée.

La généralisation des taux de change flottants rend discutable la nécessité de conserver des devises en réserve (qui sont placées dans des actifs sûrs, mais souvent peu rentables). Sans réserves, le taux de change s'adapterait à l'évolution du marché des changes. Cela pourrait certes conduire à une forte instabilité du taux de change. Néanmoins, certains pays (comme la Nouvelle-Zélande) ont décidé de réduire considérablement leurs stocks de devises au début des années 2000.

Accumuler des réserves n'est pas une fin en soi. Elles sont surtout utiles en tant qu'« amortisseur » des chocs. Le FMI recommande d'en détenir au moins l'équivalent de trois mois d'importations (les pays qui ne connaissent pas de problèmes de BP en détiennent plus, environ 4,5 mois). Le ratio « réserves brutes/importations mensuelles » sert à fixer les objectifs dans les programmes du FMI.

augmentation des réserves de 3 milliards d'euros (lorsqu'un exportateur de la ZE reçoit un paiement de son client étranger, il dépose les devises à sa banque, qui lui fournit des euros, et les réserves de change augmentent) ; augmentation qui est inscrite en débit car elle correspond à un emploi de devises pour la période considérée. Pourquoi la BCE a-t-elle accumulé des réserves en 2002 ? C'est ce que précisent les autres postes.

La balance des opérations sur *biens et services* est excédentaire de 146 milliards d'euros. La ZE est donc « compétitive », en partie grâce à la faiblesse de l'euro cette année-là (l'euro ne valait que 0,94 dollar, mais il s'est apprécié rapidement pendant l'année). L'atonie de la demande dans la ZE a aussi joué un rôle, en réduisant la demande d'importations. Sous le poste *revenus* figurent tous les flux reçus (crédit) de l'extérieur ou payés (débit) à l'extérieur pour rémunérer des facteurs de production (travail, capital et terre). Si des investisseurs de la ZE ont investi à l'extérieur, les revenus (intérêts ou dividendes) seront comptabilisés à ce niveau, en crédit. La balance des revenus est déficitaire : les investissements passés dans la ZE ont été importants et ils rapportent à leurs propriétaires plus que les investissements de la ZE à l'extérieur. Il en va de même pour la balance des *transferts courants* (il s'agit de dons ou subventions).

Ce que la BP décrit depuis 1993 sous la rubrique *capital* n'a rien à voir avec ce que l'on nomme couramment « mouvements internationaux de capitaux », qui sont recensés dans la balance des *opérations financières*. Le compte de *capital* présente les opérations relatives à des actifs, comme les versements de royalties sur les brevets. Dans le cas de la ZE en 2002, son solde est positif, mais les montants sont très faibles.

Les *opérations financières* comprennent toutes les sortes d'investissements, prêts et placements (en crédit figurent les sommes placées par le reste du monde dans notre économie, en débit les sommes placées à l'extérieur par les investisseurs de la ZE). Une partie importante de ce poste concerne les achats de titres (actions, obligations). Les rubriques précédentes présentent des opérations en principe « définitives » : l'importation a eu lieu, elle n'aura pas d'autre conséquence en tant que telle. Dans le cas des opérations financières, il en va autrement. Lorsqu'on enregistre une année un prêt en crédit, cela signifie qu'une institution financière extérieure a prêté des devises à une entreprise, à l'État, à un particulier ou encore à une institution financière de la ZE. Cette opération donnera nécessairement lieu à des flux futurs (ici, des remboursements de capital et des versements d'intérêts). C'est pourquoi ces opérations sont bien des ressources (ou des emplois dans le sens inverse), mais pas des recettes (dépenses).

Dans le cas de la ZE, les investissements dans la ZE en 2002 sont inférieurs de 71 milliards d'euros à ceux que les investisseurs résidents de la ZE réalisent à l'extérieur. Les opérations financières entraînent donc une sortie de devises (ce qui veut dire que les créances de la ZE sur le reste du monde progressent plus vite que celles du reste du monde sur la ZE).

La diminution des réserves est-elle une mauvaise chose ? À court terme sans doute, mais à moyen terme c'est moins évident. Les capitaux qui sont sortis de la ZE devront être rémunérés dans le futur. Cela impliquera probablement des entrées de devises dans l'économie.

2. Une présentation condensée des flux

Au lieu d'être présentées en séparant crédit et débit, les balances de paiements sont souvent publiées sous forme condensée en une seule colonne (par exemple dans *Statistiques financières internationales*, l'annuaire mensuel du FMI qui présente les BP résumées de tous les pays membres). On présente alors les soldes mais aussi les postes qui concourent à la formation de ce solde (tableau 2). Cela rend la lecture un peu plus difficile, puisque crédit et débit sont alors mélangés (pour éviter les erreurs, on fait précéder les débits du signe moins). Remarquons que l'inscription – 3 en variation de réserves signifie bien que la balance globale de la ZE est excédentaire, et que les réserves augmentent.

TABLEAU 2. — BALANCE DES PAIEMENTS DE LA ZE : PRÉSENTATION EN COLONNES (1999-2002)

	1999	*2000*	*2001*	*2002*
Balance biens et services	65	20	77	146
Exportations	1 066	1 277	1 355	1 384
Importations	1 001	1 257	1 278	1 238
Balance des revenus	– 37	– 27	– 40	– 39
Crédit	207	268	282	236
Débit	244	295	322	275
Balance transferts courants	– 47	– 53	– 51	– 45
Crédit	65	68	76	85
Débit	112	121	127	130
Compte de capital	13	10	9	12
Crédit	19	18	17	19
Débit	6	9	8	7
Balance opérations financières	2	52	– 58	– 169
Crédit	665	1 081	730	396
Débit	664	1 029	788	565
Variation des réserves	10	18	18	– 3
Erreurs et omissions	– 5	– 19	45	98

Source : BCE *http://www.ecb.int/stats/mb/*, consulté le 5 avril 2003.

Comment a-t-on établi cette BP ? Les statisticiens ont utilisé les informations à leur disposition : les douaniers leur ont fourni un relevé des importations et des exportations ; les institutions financières, des données sur les mouvements de capitaux ; la BCE a indiqué la variation de ses réserves de change pendant la période. Mais il faut enregistrer aussi dans la BP, par exemple, le montant des dépenses réalisées dans la ZE par les touristes étrangers. Comme les touristes ne déclarent pas en partant le montant de leurs dépenses dans la ZE, force est d'estimer ce dernier à partir des relevés de devises changées dans les banques et les bureaux de change, de l'activité de l'hôtellerie, etc. À partir de cet ensemble d'informations disparates, et d'enquêtes ou d'estimations pour les flux pour lesquels il n'y a pas de source spécifique, les statisticiens essaient de construire un tableau équilibré. Cela se révèle souvent impossible. Il peut y avoir des fuites de capitaux, des exportations non déclarées (comme les exportations de cocaïne de certains pays d'Amérique latine), etc. Paradoxalement, ce qui est le mieux connu est encore le résultat final : l'augmentation ou la diminution de réserves de change (puisqu'elles sont comptabilisées par la banque centrale). Si le tableau final n'est pas équilibré malgré tous les efforts de vérification, les statisticiens introduisent alors une écriture du montant de la différence. Ce poste est nommé « Erreurs et omissions ». L'existence de ce poste indique qu'il a été impossible d'établir un équilibre comptable avec les informations disponibles. Mais ce dernier ne « mesure » pas l'erreur commise, puisqu'il peut y avoir des erreurs au débit et au crédit qui se compensent partiellement. En 2002, dans la ZE, le montant du poste « Erreurs et omissions » est très important : + 98 milliards d'euros (en crédit) (ce montant élevé se réduira probablement lorsque les diverses informations auront été vérifiées et recoupées). Pour simplifier, ce montant n'apparaissait pas dans le tableau 1 (il avait été inclus dans les opérations financières parce que ces opérations sont souvent les plus mal connues, on remarque en effet que – 71 = – 169 + 98). Cela doit inciter à considérer avec précaution les soldes des différentes balances, et même le solde global.

3. Flux et stocks (ou encours)

Les balances des paiements sont généralement présentées en termes de flux (voir tableaux 1 et 2) : les montants sont relatifs à une *période*. Il peut aussi être utile de connaître la valeur à un *moment donné* de certaines variables exprimées en termes de stocks, c'est-à-dire d'encours. C'est le cas pour les réserves de change, dont les variations traduisent des flux et les montants des stocks, ainsi que pour les créances et dettes qui résultent du cumul des opérations financières et dont l'ensemble constitue la « position extérieure » (voir chapitre II). En effet, la connaissance du montant des réserves de change permet de savoir s'il sera possible de faire face à des déficits importants. Celle de l'encours de la dette des résidents envers les non-résidents (dette extérieure) permet d'apprécier si le déficit de la BP ne conduit pas à un endettement excessif, etc. On peut aussi s'intéresser, par exemple, à l'encours du capital que les non-résidents détiennent dans les entreprises résidentes qu'ils contrôlent, suite aux flux d'investissements directs qu'ils ont effectués. Car non seulement ce montant provoque probablement des sorties de dividendes, inscrits dans le poste « revenus », si les entreprises concernées dégagent des profits et les rapatrient, mais il donne aussi des indications sur les risques de délocalisation (si l'on admet que les entreprises détenues par des non-résidents sont plus susceptibles que d'autres de se délocaliser), de même que sur la capacité des étrangers à influer sur les modalités du « gouvernement » des entreprises nationales (capacité qui s'est exprimée ces dernières années en France, quand les fonds d'investissements américains ont remis en cause le « capitalisme à la française », en exigeant une plus grande transparence des comptes et parfois en sanctionnant des stratégies).

Cela dit, la prise en considération de ces stocks pose un problème de cohérence avec les flux retracés par la BP. L'encours de la dette extérieure s'accroît pendant une période parce que l'on emprunte et diminue parce que l'on rembourse. Mais ce montant est exprimé dans une devise ou en monnaie nationale : dans les deux cas, il s'agit de l'addition de montants en euros, en dollars, en yens, etc., qui sont valorisés aux taux de change de la date à laquelle l'encours est évalué. Il peut donc varier sans que l'on emprunte ou rembourse, simplement parce que les taux de change varient.

Le même problème existe au niveau des réserves de change. On ne peut pas obtenir leur montant à la fin d'une année en additionnant simplement l'encours au début d'une année et la variation des réserves inscrite dans la BP en flux. Il faut également tenir compte des variations dues aux taux de change.

Le problème est encore plus ardu au niveau des investissements directs effectués pour prendre le contrôle des entreprises, car la valeur des actions acquises sur le marché ne reflète pas forcément la valeur des entreprises, surtout si le capital détenu par le public est réduit (voir chapitre II).

4. Une comptabilité en partie double ?

La BP est souvent décrite comme un document comptable, ce qui est correct si l'on veut dire qu'elle est établie suivant des normes et des règles. Mais cela peut induire en erreur si l'on pense qu'il s'agit de l'enregistrement de montants établis sur la base de pièces comptables. La balance des paiements est élaborée, comme la comptabilité nationale, à partir d'informations provenant de sources très diverses et d'estimations. On précise souvent qu'il s'agit de comptabilité en partie double. Cela signifie que toute transaction doit être comptabilisée deux fois : une fois suivant sa nature économique (biens, services, capitaux, etc.) et une fois suivant le mode de règlement (devises, crédit, etc.). Une importation, par exemple, s'inscrit en débit (la marchandise entre mais les devises sortent) et donne lieu à une opération en crédit correspondante, qui peut être une sortie de devises (paiement en liquide) ou, plus souvent, un crédit commercial, voire une exportation (troc). Dans le cas d'une importation financée par un crédit commercial accordé à l'importateur par le fournisseur étranger, on a :

	Crédit	*Débit*
Importation		1 000
Crédit (commercial)	1 000	

Si l'importation est réglée par un paiement en devises au cours de la même période, on a :

	Crédit	*Débit*
Importation		1 000
Réserves de change	1 000	

On retrouve ici la règle, un peu déroutante, selon laquelle une variation des réserves de change inscrite au crédit (positive) signifie une réduction de ces dernières.

En réalité, on ne connaît pas précisément la contrepartie de chaque transaction. Les inscriptions se font globalement : on inscrit d'un côté le montant de toutes les marchandises exportées (crédit) et, de l'autre, le montant des crédits commerciaux accordés aux non-résidents pour acheter nos marchandises (en débit, puisque c'est un « emploi » de nos devises). Ce qui a été payé en monnaie (devises) par les non-résidents se traduit par une augmentation des réserves (un « emploi » de nos devises qui consiste à les conserver en liquide ou, plus souvent, sur un compte en banque).

Les transferts (parfois dénommés « sans contrepartie ») sont un cas extrême : supposons que nous fournissions une aide alimentaire sous forme de céréales à un pays. Il y a une exportation de biens (un crédit) puisque les céréales ont été transférées à des non-résidents. Mais c'est un don. On inscrira donc un montant équivalent dans la rubrique des transferts courants, en débit. On obtient ainsi le résultat logique : le solde en devises est nul. Du point de vue comptable, les transferts sans contrepartie… ont donc une contrepartie (comptable).

5. La balance des paiements française

Le tableau 3 présente une synthèse de la BP française en 2001. Cette présentation n'est pas celle décrite au chapitre II et utilisée pour la BP de la zone euro. Ici, les montants des opérations financières sont bruts, alors qu'ils apparaissent nets (en soldes) pour chaque type de transaction dans la balance standard. Cela permet de souligner le poids considérable des transactions financières, habituellement minimisé.

La balance globale des paiements française de 2001 est légèrement déficitaire (diminution des réserves de 5,7 milliards d'euros), à la suite de fortes sorties de capitaux, malgré des transactions sur biens et services excédentaires (et des revenus des placements à l'étranger qui dégagent un excédent du même ordre que la balance des services). On constate qu'il est erroné de se focaliser sur les échanges de biens et services, puisqu'une variation de seulement 8 % des entrées de flux financiers représente la totalité des exportations ou importations.

TABLEAU 3. — BALANCE DES PAIEMENTS DE LA FRANCE, 2001
(données brutes, en millions d'euros)

	Crédit	*Débit*	*Solde*
Biens	324 612	320 828	3 784
Services	89 581	69 655	19 926
Revenus	88 670	72 083	16 587
Transferts courants	19 011	35 567	– 16 556
Capital	1 242	1 572	– 330
Compte financier	4 185 254	4 218 513	– 33 259
Avoirs de réserve	5 763		5 763
Erreurs et omissions	4 085		4 085
Total	4 718 218	4 718 218	

Source : MEFI et Banque de France, 2002.

Ce chapitre a présenté la logique générale sur laquelle repose la balance des paiements. Entrons maintenant dans le détail des normes d'élaboration de la BP.

Faut-il encore élaborer une balance des paiements française ?

Dans le contexte de l'Union économique et monétaire (UEM) et de sa monnaie unique gérée par la BCE, on peut s'interroger sur l'intérêt de conserver des balances des paiements nationales. Pour la défense de la monnaie et la gestion du taux de change de l'euro, seules comptent les transactions entre les résidents de l'UEM et les non-résidents. La balance des paiements de la ZE regroupe l'information nécessaire pour évaluer le poids de la contrainte extérieure.

Toutefois, il faut encore se mettre d'accord sur les objectifs de la politique économique. Des tensions persistent comme on le voit avec la diversité des taux d'inflation. L'importance des politiques budgétaires nationales et la faiblesse du budget européen sont une source de divergences potentielles, comme le montrent assez les polémiques sur le caractère trop rigide du pacte de stabilité. Dans ce contexte, on voudra peut-être savoir à quel gouvernement imputer les déficits éventuels de la balance des paiements de l'UEM. Il sera alors utile de disposer de balances des paiements nationales, mais limitées aux transactions avec les non-résidents de la zone euro. Ces BP en voie d'élaboration permettent de répartir entre les pays la variation des réserves de la BCE. Il s'agit donc d'un facteur de discipline collective.

L'unification européenne a donné de l'élan à nombre d'entités régionales, préexistantes ou non, parfois à cheval sur plusieurs pays. Le marché unique, la liberté d'établissement conduisent à une relocalisation des activités. Chaque entité géographique devra évaluer ses forces et ses faiblesses pour éviter que le processus de concentration spatiale ne débouche sur sa propre marginalisation. Pour cela, il est utile de disposer d'une analyse des flux entre la région et le « reste du monde », y compris les autres régions de l'UEM. Il sera donc utile d'élaborer des BP régionales, à moins que les élus n'abdiquent toute volonté d'infléchir l'avenir.

II / Lire la balance des paiements

Ce chapitre vise à permettre au lecteur de décrypter l'information disponible dans la BP, qui est établie suivant une méthodologie précise et conventionnellement répartie entre différents comptes et sous-comptes.

Comme on a commencé à établir des BP bien avant qu'une coordination internationale ne soit envisagée, les normes sont longtemps restées nationales. Il était alors difficile de lire et d'interpréter les différentes BP, et encore plus d'établir une certaine cohérence au niveau international. À partir de 1944, le FMI a essayé de standardiser les présentations. Depuis, il a régulièrement modifié les normes d'enregistrement de la BP, rédigeant chaque fois un *Manuel* (troisième édition : 1961, quatrième édition : 1977, cinquième édition, la dernière : 1993). Cette activité du FMI s'inscrit dans le cadre de ses statuts, qui lui enjoignent de veiller au maintien de l'équilibre des BP de ses membres [Lenain, 2002]. De plus en plus de pays adoptent la dernière présentation FMI, mais cela n'est pas encore général.

Le FMI précise le contenu de chaque poste (*http://www.imf.org/external/np/sta/bop/bop.htm*), avec des directives sur les traitements recommandés au fur et à mesure que son Comité de la balance des paiements étudie les questions. La méthodologie d'élaboration de la BP française se trouve sur le site de la Banque de France (*http://www.banque-france.fr/fr/stat/main.htm*). Une note méthodologique sur l'élaboration de la BP de la zone euro est disponible sur le site de la Banque centrale européenne (BCE) (*http://www.ecb.int*, fichier eas_notes.zip).

Ce chapitre présente les différentes rubriques de la balance des paiements et en précise le contenu et les modalités d'enregistrement. Ces notions sont illustrées à partir de la BP française de 2001, conforme aux normes de la cinquième édition du *Manuel* du FMI et disponible sur le site de la Banque de France. La méthodologie d'élaboration de la BP française a changé en 1997. À partir de cette date, les principales recommandations du *Manuel 93* ont été introduites. En particulier, les profits réalisés par les entreprises d'investissement direct sont désormais inscrits en débit et crédit (pour la partie réinvestie en France), ce qui n'était pas le cas auparavant. Il en résulte que les données qui précèdent 1997 et les suivantes ne sont pas directement comparables. De plus, la mise en place du marché unique européen a éliminé les déclarations en douane qui servaient traditionnellement à établir les balances commerciales. Ces déclarations ont été remplacées par des déclarations statistiques directes des entreprises concernant leurs achats/ventes à d'autres entreprises de la zone euro (ces déclarations font l'objet de recoupements).

La balance des paiements est structurée de la manière suivante (il existe encore des différences mineures entre la présentation standard du FMI, celle de la ZE et celle la France).

1. Balance courante	1.1. Balance des biens et services	1.1.1. Balance des biens (balance commerciale) 1.1.2. Balance des services
	1.2. Balance des revenus	1.2.1. Revenus du travail 1.2.2. Revenus du capital
	1.3. Balance des transferts courants	
2. Compte de capital et des opérations financières	2.1. Compte de capital	
	2.2. Compte financier	2.2.1. Investissement direct 2.2.2. Investissement de portefeuille 2.2.3. Produits financiers dérivés 2.2.4. Autres investissements 2.2.5. Avoirs de réserves
3. Erreurs et omissions nettes		

Dans ce qui suit, nous présentons le contenu et les particularités des différentes balances qui composent la BP. Rappelons que le terme « balance » désigne, suivant les cas, soit le détail des postes qui la composent, soit le solde (crédit-débit). Nous précisons aussi ce qu'est la « position extérieure » d'un pays, document qui complète les informations sur les flux recensés par les différentes balances par des informations sur les stocks de créances et de dettes. Enfin, nous évoquons les questions soulevées par le traitement de l'information dans la balance des paiements.

La *balance globale* (ou solde global) est le solde de toutes les transactions (erreurs et omissions incluses), sauf celles qui portent sur les avoirs de réserves. Elle indique si l'économie étudiée a gagné ou perdu des devises et autres moyens de paiement internationaux pendant la période considérée.

1. La balance courante (ou compte courant)

Le compte courant comprend la balance commerciale, la balance des services (qui forment ensemble la balance des biens et services), celle des revenus et celle des transferts courants. Beaucoup d'analyses s'y réfèrent, car il s'agit en quelque sorte de la partie « réelle », non financière, de la balance des paiements.

La balance des biens et services

La balance des biens et services comprend la balance des biens (ou balance commerciale) et la balance des services. La part des services dans le total croît régulièrement. On peut s'interroger sur la pertinence de cette distinction traditionnelle entre biens et services, qui a disparu dans la comptabilité nationale. D'autant que, dans la BP, une grande partie des flux de services est estimée et non observée (voir encadré p. 22).

La balance commerciale (BC)

La BC comprend les exportations et les importations de biens (en crédit et débit respectivement). Il s'agit de mouvements de marchandises qui font l'objet d'un transfert de propriété d'un résident vers un non-résident. Ils sont enregistrés FAB (voir encadré p. 22). Les données produites par la douane sont corrigées pour tenir compte, en particulier, des passages qui n'ont donné lieu ni à paiement (comme les échantillons) ni à transfert de propriété (comme les réparations). Le transport et l'assurance sont comptabilisés dans la balance des services. Certaines

TABLEAU 4. — BALANCE DES PAIEMENTS FRANÇAISE
(compte des transactions courantes, en millions d'euros)

	1999	*2000*	*2001*
Compte de transactions courantes	39 406	17 702	23 741
Total des biens et services	34 006	17 911	23 710
Biens	16 543	– 3 581	3 784
Exportations	281 534	322 787	324 612
Importations	264 988	326 368	320 828
Services	17 463	21 492	19 926
dont : voyages	12 000	14 074	13 624
Revenus	17 780	14 988	16 587
Revenus des salariés	6 921	7 400	8 190
Revenus des investissements directs	14 908	8 339	14 047
Revenus des investissements de portefeuille	– 3 520	– 100	– 3 990
Revenus des autres investissements	– 531	– 651	– 1 660
Transferts courants	– 12 380	– 15 197	– 16 556

Source : MEFI et Banque de France, 2002.

transactions plus spécifiques sur des biens peuvent être décrites à part lorsqu'elles sont importantes pour une économie : l'avitaillement (fourniture de biens et services à des bateaux, ou des avions), par exemple. Le travail à façon et les réparations sont un autre poste important pour la France (notamment le retraitement des déchets nucléaires).

Conformément à un principe général, les transactions sur les biens sont enregistrées au moment du transfert de propriété (voir encadré p. 23).

Le solde positif de la BC en 2001 s'explique surtout par le ralentissement de l'activité, qui a conduit à une baisse des importations françaises.

La balance des services

Elle comprend tous les services (produits immatériels) vendus à des non-résidents (crédit) et les services achetés à des non-résidents (débit). Les services forment un ensemble très hétérogène de onze catégories : transports (aériens, maritimes, etc.), voyages, services de communication (croissants du fait des règlements internationaux liés aux téléphones mobiles), de

Valeurs FAB et CAF

Dans les transactions commerciales internationales, on distingue des valeurs FAB (franco à bord) et CAF (coût assurance fret) — ou FOB (*free on board*) et CIF (*cost insurance freight*) d'après les sigles anglais. La valeur FAB est la valeur du bien lorsqu'il passe la frontière à la sortie du pays (le prix à la sortie de l'unité de production, plus les coûts encourus pour le transporter à la frontière et l'assurer jusque-là). La valeur CAF est la valeur du bien lorsqu'il entre dans un pays (y compris donc le fret et l'assurance qu'il a fallu payer aux non-résidents en plus de la valeur FAB). La valeur FAB d'une voiture française exportée aux États-Unis, par exemple, est sa valeur à l'arrivée sur le bateau dans le port du Havre. Parvenue à New York, sa valeur comprend la valeur FAB de départ à laquelle il faut ajouter le coût du voyage et le coût de l'assurance : c'est pourquoi elle est dite CAF.

Il existe beaucoup d'autres façons de désigner les modalités de paiement et de partage des risques dans les contrats commerciaux internationaux (par exemple FAS, *free alongside ship*). Ces dénominations sont standardisées par la Chambre de commerce internationale (*http://www.iccwbo.org/incoterms/*).

En pratique, comme les valeurs FAB ne sont pas systématiquement relevées pour les importations (les droits de douane sont calculés sur les valeurs CAF), on estime les valeurs FAB à partir des valeurs CAF des importations en appliquant un coefficient moyen. Pour tenir compte de la baisse continue des coûts de transport, ce taux, qui était de 3 % auparavant, a été réduit par la direction des Douanes et des Impôts indirects à 2,3 % en 2000 et à 2 % en 2001. Cette modification a mécaniquement augmenté le montant des importations FAB.

construction, d'assurance, services financiers, d'informatique et d'information, redevances et droits de licence (y compris sur les brevets), autres services aux entreprises (négoce international, services commerciaux, location, etc.), services culturels et récréatifs (audiovisuels, etc.) et services des administrations publiques (visas).

Le poste « voyage » comprend les dépenses effectuées par des non-résidents lors de leurs voyages dans le pays (crédit) ou par des résidents lors de leurs voyages à l'étranger (débit). Ce poste, traditionnellement positif en France (premier pays d'accueil en nombre d'arrivées), a connu une baisse après le 11 septembre 2001. Le négoce est le gain résultant de l'achat et de la vente de marchandises à des non-résidents sans que celles-ci passent par le territoire national (mais il comprend aussi les échanges intra-groupe, ou « faux négoce »). Les services financiers sont des prestations rémunérées par des commissions (comme les

Les principes d'enregistrement

On peut enregistrer les transactions dans la balance des paiements au moment où s'opère un transfert juridique de propriété ou au moment où se fait le règlement. Le FMI retient la première option. Ce principe a une conséquence importante sur le service de la dette extérieure. Dans la balance des paiements, on inscrit le montant des intérêts et du remboursement en capital dus, qu'ils soient payés ou non. En cas de paiement partiel, une inscription au poste « arriéré de paiement » prendra en compte la différence entre ce qui aurait dû être payé et ce qui l'a été effectivement.

Par ailleurs, le principe retenu par le FMI est de valoriser les transactions au prix du marché. Les échanges sous forme de troc doivent être valorisés à partir d'un prix « général » de marché, par exemple le prix sur le marché mondial s'il en existe un pour le type de marchandises considéré. Les échanges entre maisons mères et filiales sont souvent valorisés à des prix qui n'ont de sens que par rapport à la stratégie de la firme (prix de cession interne), notamment sa stratégie fiscale. Dans la balance des paiements, ces flux devraient être enregistrés à un prix qui reflète leur « vraie » valeur, par exemple le prix auquel ils auraient été vendus à une autre entreprise.

---

commissions de change ou les frais de dossier, mais à l'exclusion des intérêts, qui figurent dans le poste « Revenu »). Les services divers aux entreprises comprennent notamment la participation des filiales aux frais de gestion des maisons mères.

La balance des revenus

Cette balance retrace toutes les transactions entre résidents et non-résidents correspondant à la rémunération de facteurs de production (travail, capital, terre, etc.) Les revenus du travail retracent les rémunérations versées à des travailleurs non résidents (essentiellement les travailleurs frontaliers, en débit) et les rémunérations reçues en dehors de l'économie par les travailleurs résidents (dont les coopérants, en crédit). Ce poste ne comprend pas les sommes versées ou reçues par des travailleurs émigrés ou immigrés depuis plus d'un an, qui sont des résidents, quelle que soit leur nationalité (ces sommes figurent en « transferts »).

Trois postes retracent les revenus des investissements (revenus du capital versés par des résidents à des non-résidents, ou l'inverse) suivant la nature des investissements qui les ont engendrés et qui sont définis ci-dessous, au niveau des

Les invisibles ont disparu !
Les services facteurs et non facteurs aussi !
Les capitaux à court et long terme aussi !
La balance de base aussi !

Avant 1993, on dénommait « invisibles » dans les BP les flux qui, ne concernant ni des opérations sur des biens ni des opérations en capital ou financières, portaient sur des services, revenus et transferts : témoignage aujourd'hui révolu d'une époque où l'on attachait une importance à la « matérialité » des marchandises. Du XVIIe siècle au XIXe siècle, les Britanniques accordaient une importance spéciale à ces « invisibles », qui comprenaient, notamment, les revenus tirés des transports maritimes assurés par leur flotte, ainsi que les revenus de leurs investissements internationaux — deux postes qui dégageaient des excédents confortables.

De plus, les BP distinguaient des services « facteurs » (rémunération de la mise à disposition de facteurs de production) et des services « non facteurs » (les autres services). Depuis 1993, conformément au SCN, on doit parler respectivement de « revenus » et de « services ».

Par ailleurs, la multiplication des instruments financiers ayant fait perdre de sa pertinence à la distinction « court terme/long terme » (on peut vendre à tout moment des obligations, même si leur durée est très longue, par exemple), cette distinction n'apparaît plus dans la présentation standard.

Enfin, on nommait « balance de base » la somme de la balance courante et de la balance des capitaux à long terme (supposés être plus stables que les autres flux de capitaux et moins dépendants de la politique monétaire). Cette notion a désormais disparu.

opérations financières (investissements directs, de portefeuille, autres investissements ; voir p. 28-29). Les revenus des investissements directs ont un traitement particulier. Par convention, on suppose que les dividendes versés par les entreprises d'investissement direct à des non-résidents sont entièrement transférés à l'extérieur de l'économie. La partie éventuellement réinvestie dans l'économie d'accueil est alors considérée comme un nouvel investissement direct (crédit). C'est un exemple d'une inscription dans la BP qui ne correspond à aucun flux. Comme on inscrit la même somme en débit et en crédit, l'équilibre de la BP n'est pas modifié. Cette façon de faire, assez artificielle, se justifie par le souci de pouvoir retracer le stock d'investissements directs à partir des flux annuels.

Les intérêts sur les investissements de portefeuille comprennent tous les versements de dividendes ou de coupons sur les titres étrangers détenus par des résidents (crédit) ou l'inverse

Le service de la dette extérieure

Il n'y a pas de poste spécifique où s'inscrit le service de la dette extérieure (intérêts + remboursements en capital) dans la balance des paiements (pas plus que dans tous les autres documents économiques). Pour obtenir le service de la dette extérieure, il faut additionner le poste « Intérêts » (débit dans la balance des revenus) et le poste « Amortissements » (débit dans les opérations financières). Cela renvoie à la nature économique différente des deux composantes. Les intérêts rémunèrent la mise à disposition du capital, l'amortissement (le remboursement en capital) traduit une réduction de l'endettement.

(débit). Ces intérêts peuvent être relatifs à la dette extérieure publique émise sous forme de titres (bons du Trésor, obligations) ou privée (entreprises, institutions financières). Fin 2001, les non-résidents détenaient 33 % des titres de la dette négociable de l'État français. Ce poste comprend aussi les intérêts sur les réserves de change (habituellement en crédit).

Les revenus des autres investissements comprennent notamment les intérêts des prêts bancaires accordés par des non-résidents (débit) ou l'inverse. Dans les pays à faible revenu, c'est à ce niveau que s'inscrivent les intérêts payés aux banques de développement comme la Banque mondiale (emprunts de l'État ou avalisés, auxquels l'État a donné sa garantie).

La balance des transferts courants

Cette balance comprend les transferts sans contrepartie publics et privés, en espèces et en nature, à l'exclusion des transferts en capital (qui figurent dans le compte de capital). On y distingue les transferts publics courants (subventions publiques à des non-résidents en débit, ou *vice versa* en crédit). Sous cette rubrique figurent les dons (en monnaie ou en nature) au titre de l'aide au développement, les versements au budget de l'Union européenne ainsi que les subventions qui visent à assurer l'équilibre du fonctionnement ou la consommation (comme les subventions du FEOGA destinées aux agriculteurs), à l'exclusion de tout ce qui concerne l'investissement. Les transferts privés courants comprennent les subventions privées à des non-résidents ou *vice versa*, notamment les transferts des travailleurs immigrés depuis plus d'un an (qui sont des résidents de leur pays d'accueil) à des résidents de leur pays d'origine.

2. Le compte de capital et des opérations financières

La balance de capital et des opérations financières comprend la balance des capitaux et la balance des opérations financières. En fait, seule la seconde comprend ce que l'on nomme habituellement des « mouvements de capitaux ». Avant 1993, c'était d'ailleurs la dénomination de cette dernière. Le changement intervenu en 1993 s'explique par le souci de se rapprocher du SCN, qui adopte une définition précise de la formation brute de capital fixe (FBCF), et la distingue soigneusement des opérations financières qui portent sur des actifs financiers (variations de créances et de dettes) [Piriou, 2003]. Contrairement aux balances précédentes, la balance des opérations financières peut être présentée en encours (stocks) : c'est la position extérieure (position qui ne figure pas dans la balance des paiements *stricto sensu*, entièrement présentée en flux).

Le compte de capital

Ce compte (d'un montant généralement très faible) retrace les flux de cessions d'actifs fixes, ou d'annulations d'un engagement financier par accord mutuel entre débiteur et créancier, sans contrepartie pour ce dernier. Il comprend les transferts en capital (subventions pour investissements), les remises de dette, les acquisitions et cessions de brevets, de droits d'auteur, de franchises.

Le compte des opérations financières

Ce dernier présente les opérations qui accroissent les créances ou les engagements des résidents vis-à-vis de non-résidents. Il s'agit de créances et d'engagements au sens large. En effet, quand on parle d'« endettement extérieur d'un pays », on ne prend en compte que les encours qui font l'objet d'une convention précisant les dates de remboursement et la méthode de calcul. Une telle approche exclut les investissements directs, qui peuvent pourtant donner lieu à des sorties de dividendes. Un financement est dit « net » lorsqu'il correspond à la différence

TABLEAU 5. — BALANCE DES PAIEMENTS FRANÇAISE : COMPTE DE CAPITAL ET COMPTE FINANCIER
(en millions d'euros)

	1999	*2000*	*2001*
Compte de capital	1 362	1 478	– 330
Compte financier	– 37 472	– 31 098	– 27 495
Investissements directs	– 75 381	– 143 895	– 33 740
Français à l'étranger	– 119 069	– 190 491	– 92 546
Étrangers en France	43 688	46 596	58 806
Investissements de portefeuille	– 7 132	40 019	20 989
Résidents sur titres émis par les non-résidents	– 117 776	– 104 985	– 93 017
Actions et OPCVM	– 19 752	– 35 434	– 19 252
Obligations et assimilés	– 68 036	– 60 427	– 62 631
Instruments du marché monétaire	– 29 988	– 9 124	– 11 134
Non-résidents sur titres émis par les résidents	110 644	145 004	114 006
Actions et OPCVM	47 118	55 989	12 196
Obligations et assimilés	53 906	76 387	93 647
Instruments du marché monétaire	9 620	12 628	8 163
(pour mémoire : valeurs du Trésor)	33 577	43 930	34 108
Autres investissements (dépôts-crédits)	45 268	65 064	– 23 291
Institutions financières monétaires (net)	29 290	66 487	-4 498
Autres secteurs	15 978	– 1 423	– 18 793
Produits financiers dérivés	– 1 314	5 050	2 784
Avoirs de réserve	1 087	2 664	5 763
Erreurs et omissions nettes	– 3 296	11 918	4 084

Source : MEFI et Banque de France, 2002.

entre les nouveaux financements accordés (ou reçus) et les remboursements de principal (ou les achats et ventes s'il s'agit de titres). En 1993, la nomenclature a été considérablement affinée pour tenir compte de la grande variété dans les types de transactions financières internationales. On distingue les investissements directs, les investissements de portefeuille, les autres investissements (eux-mêmes répartis en différents types).

La présentation des flux financiers est différente de celle des autres flux, en ce sens que chaque poste du compte des opérations financières retrace un type d'opérations particulier mais spécifie aussi l'acteur (par exemple les investissements directs de l'économie à l'étranger). Ces investissements constituent normalement une sortie de devises et sont toujours placés en débit. Toutefois, il peut arriver que les résidents « désinvestissent » à l'étranger et rapatrient le produit de la vente de leurs actifs. Au lieu d'enregistrer cette transaction en crédit (ce qui introduirait une confusion avec les investissements directs des non-résidents dans notre économie), on l'enregistre négativement en débit. On conserve ainsi la possibilité de retracer le lien entre les flux et les stocks (ou encours). Le problème est que, pour chaque enregistrement, crédit et débit se compensent partiellement, ce qui « minimise » les montants en jeu (comme le montre la présentation non standard adoptée au chapitre I).

Les *investissements directs* (de l'économie à l'étranger ou l'inverse) sont des flux financiers effectués par des résidents en vue d'acquérir un intérêt durable dans une entreprise non résidente. Comme il n'est pas vraiment possible de déterminer si un investissement est ou non « destiné à acquérir un intérêt durable », une règle simple (et arbitraire) a été posée : en pratique, l'investisseur direct doit détenir au moins 10 % des actions ou des droits de vote de l'entreprise dans laquelle il investit. Les investissements directs (ID) comprennent non seulement la transaction initiale, mais aussi les transactions ultérieures entre maison mère et filiales (emprunts, prêts). Les bénéfices réinvestis figurent dans ce poste (ils figurent aussi en débit du poste « Revenu » pour le même montant). Dans les pays industrialisés, qui concentrent la très grande majorité des investissements directs, ces derniers sont relativement limités en nombre mais portent sur des montants très élevés souvent effectués sous forme d'offres publiques d'achat (OPA). Les ID comprennent aussi les transactions sur immeubles et terrains, qui sont par convention supposés être détenus par des entités financières.

Les *investissements de portefeuille* sont des transactions sur des titres de participation (actions, en dessous du seuil de 10 %), de créances (obligations et autres titres d'endettement), instruments du marché monétaire (marché interbancaire). Ces investissements sont répartis en fonction de la nature des titres. Pour chaque catégorie (par exemple les obligations émises par des résidents), les transactions retracées sont nettes (achats par des non-résidents moins ventes). C'est pourquoi la balance des paiements donne une image minorée de ce type de flux ; au cours d'une année, les investisseurs procèdent habituellement à des montants importants d'achats et de ventes. On peut avoir une idée de la différence dans le cas de la France en comparant les données (révisées) du tableau 5 avec celles du tableau 3.

Les *autres investissements* comprennent les crédits commerciaux (crédits liés à des achats ou ventes de marchandises), les autres prêts, y compris les crédits et prêts du FMI (mais pas les transactions avec le FMI correspondant à la part de réserve, voir plus bas). Ces flux peuvent également être classés par échéance : à court terme (moins d'un an à la date de la signature du prêt) et à long terme.

Les *produits financiers dérivés* correspondent aux achats et aux ventes de ce type de produits (options, etc.) destinés à se protéger contre des risques sur les prix ou les taux d'intérêt. Ils sont comptabilisés nets par type d'instrument. Leur introduction dans la BP comme une catégorie à part est postérieure à 1993.

Les avoirs de réserve (variation)

Le *Manuel FMI 93* nomme transactions portant sur des avoirs de réserve celles qui portent sur les avoirs dont les autorités monétaires « considèrent qu'elles disposent pour répondre essentiellement aux besoins de financement de la balance des paiements » (voir encadré p. 9). Dans tous les cas, il s'agit d'opérations sur les avoirs en devises (monnaie fiduciaire, dépôts et titres), l'or « monétaire » détenu par la banque centrale (l'or commercial est traité comme une marchandise quelconque), les droits de tirage spéciaux (voir encadré p. 30), la position de réserve au FMI (le quart de la quote-part versée en devises, plus l'utilisation nette de la monnaie du pays lorsqu'elle est empruntée par d'autres membres du FMI). Le poste « Transactions sur avoirs de réserve » ne comprend que des flux, il exclut donc les réévaluations des actifs (qui peuvent être importantes, par exemple après une dévaluation), ainsi que les allocations de DTS. Ces derniers éléments sont enregistrés dans la position extérieure pour réconcilier les flux et les encours.

Dans certaines présentations de la BP apparaît un poste de *financement exceptionnel* en dessous des avoirs de réserve. Ce poste regroupe des opérations qui sont normalement inscrites comme des flux financiers, mais qui ne constituent pas un mode de financement régulier, et dépendent de l'accord des

Les droits de tirage spéciaux (DTS)

Le DTS a été inventé en 1967. Il s'agit en premier lieu d'un moyen de paiement international (on craignait à l'époque un manque de liquidités internationales), comme l'or ou les devises. Il est créé et géré par le FMI. Il ne peut être utilisé que pour le paiement de transactions entre États, ou détenteurs agréés de DTS comme la plupart des banques de développement. Des allocations de DTS (dons du FMI aux pays membres) ont été faites entre 1970 et 1981. Par la suite, la crainte de l'inflation a entraîné les principaux pays industrialisés (qui disposent de la majorité au FMI) à refuser de nouvelles allocations de DTS, comme cela était demandé par exemple pour réduire la dette des PVD ou par les nouveaux États membres (Russie, etc.) qui n'en avaient pas bénéficié. L'allocation de DTS s'inscrit dans le compte de capital, comme un don en capital, d'une part, et comme un accroissement des réserves de change, d'autre part. Par ailleurs, le DTS est aussi une unité de compte (un panier de monnaies).

créanciers : rééchelonnements du service de la dette, conversion de dette, etc. Il faut y ajouter les arriérés : au cas où une partie des sommes dues au titre du service de la dette extérieure (voir encadré p. 25) n'est ni payée, ni rééchelonnée, ni annulée, elle est inscrite en « arriéré de paiement ». Ce poste de financement exceptionnel se trouve fréquemment dans les BP des pays en développement (le FMI introduit d'ailleurs souvent à ce niveau aussi des réductions de dette ou même les ventes d'actifs exceptionnelles).

Le poste « Erreurs et omissions » (nettes) enregistre la différence entre le total des ressources et le total des emplois recensés par ailleurs. Il est déterminé par solde (toutes les ressources moins tous les emplois). Il existe de multiples raisons pour lesquelles les montants enregistrés à ce niveau sont souvent assez importants : sur ou sous-déclaration des flux de marchandises pour blanchir des fonds ou les défiscaliser, fuite des capitaux, etc. (voir p. 33).

3. La position extérieure

La position extérieure d'un pays retrace l'ensemble de ses créances et de ses engagements (au sens large) à l'égard du reste du monde en encours (c'est-à-dire à un moment donné et non pendant une période donnée, comme dans le cas des flux

TABLEAU 6. — POSITION EXTÉRIEURE DE LA FRANCE, ENCOURS EN FIN D'ANNÉE
(en milliards d'euros)

	1999	*2000*	*2001*
Investissements directs			
Total net en valeur comptable	89,1	187,9	221,6
Total net en valeur de marché	262,9	396,1	392,4
Français à l'étranger			
En valeur comptable	332,6	465	557,5
En valeur de marché	908,8	1 090,5	1 029,2
Étrangers en France			
En valeur comptable	– 243,5	– 277,1	– 335,9
En valeur de marché	– 645,9	– 694,4	– 636,8
Investissements de portefeuille	– 263,1	– 314,9	– 270,4
Titres étrangers	587,5	700,4	765,9
Titres français	– 850,6	– 1 015,3	– 1 036,3
OAT	– 76,5	– 115,8	– 137,6
Bons du Trésor	– 70	– 80,1	– 95,8
Autres titres français	– 704,1	– 819,4	– 802,8
Produits financiers dérivés	4,9	– 3,5	5,7
Avoirs	109,5	102,1	124,6
Engagements	– 104,6	– 105,6	– 118,9
Autres investissements (hors avoirs de réserve)	5,1	– 64,8	– 24,2
Avoirs de réserve	67,7	68,3	66,7
Total créances			
avec inv. dir. en valeur comptable	1 734,4	1 985,3	2 248,9
avec inv. dir. en valeur de marché	2 310,6	2 610,8	2 720,6
Total engagements			
avec inv. dir. en valeur comptable	– 1 830,7	– 2 112,3	– 2 249,4
avec inv. dir. en valeur de marché	– 2 233,1	– 2 529,6	– 2 550,3
Position extérieure			
avec inv. dir. en valeur comptable	– 96,3	– 127	– 0,6
avec inv. dir. en valeur de marché	77,5	81,2	170,2

Source : MEFI et Banque de France, 2002. Les chiffres positifs correspondent aux créances ou variations de créance, les chiffres négatifs aux dettes ou variations de dette.

précédemment étudiés). Avant 1993, flux et variations de stocks étaient un peu mélangés dans les BP. *Le Manuel FMI 93* a décidé de les séparer clairement, en créant un nouveau document pour les stocks.

Le tableau 6 présente les différents éléments de la position extérieure de la France. Il illustre les difficultés rencontrées. Faute de pouvoir faire un choix clair entre deux modes d'évaluation, les investissements directs sont présentés avec deux valorisations : la première reprend l'enregistrement des immobilisations dans les bilans ; la seconde prend en compte la valeur de marché. Les deux méthodes sont discutables : la valeur économique peut être largement inférieure (du fait d'une faible rentabilité) ou au contraire très supérieure (notamment lorsque l'IDE a permis de racheter des actifs sous-évalués). Comme on le constate, les montants sont très différents, et leur évolution ne va pas toujours dans le même sens. C'est pourquoi le MEFI et la Banque de France ont entrepris la révision de leur méthode d'évaluation des stocks d'investissements directs.

La position extérieure de la France est créditrice nette par rapport au reste du monde (ses créances de toute nature sur le reste du monde sont supérieures à ses dettes) si l'on comptabilise les investissements directs à leur valeur de marché, mais débitrice nette s'ils sont comptabilisés à leur valeur comptable. On note sur la période 1999-2001 deux mouvements inverses : les Français accroissent leurs investissements directs à l'étranger, alors que les non-résidents procèdent à des achats importants de titres français, et singulièrement de titres du Trésor.

Les données sur les stocks fournissent des informations supplémentaires. En cas de crise associée à une sortie de capitaux, il est ainsi possible d'évaluer le montant total des actifs détenus par les non-résidents qui risquent de chercher à sortir de l'économie.

4. La balance des paiements comme système d'information

Cette présentation rapide de la BP a permis d'en préciser le contenu. Pour bien juger de la pertinence de l'information ainsi réunie, il est utile d'approfondir les problèmes de collecte et de mise en cohérence des données, et de situer la BP par rapport au système complet des comptes nationaux.

Depuis le début des années 1990, le développement rapide de flux financiers (et singulièrement de flux destinés au blanchiment de l'argent sale dans les centres *offshore*) a conduit à une perte de qualité de l'information [Vanoli, 2002]. Il devient plus difficile d'assurer la cohérence des BP au niveau international.

Certains économistes ont toutefois essayé de tirer parti de ces incohérences pour chiffrer des flux non répertoriés, comme la fuite des capitaux.

Le lent rapprochement entre BP et comptes nationaux permet aujourd'hui une forte cohérence des concepts et des méthodes d'estimation. Néanmoins, dans la majorité des pays, les BP sont élaborées par les banques centrales alors que ce sont les instituts de statistiques qui établissent les comptes nationaux.

Le traitement de l'information

L'élaboration des balances des paiements conduit à traiter d'énormes quantités d'informations. En France, la Banque de France consulte 400 banques, 152 entités de l'administration publique, 800 entreprises industrielles et commerciales, auxquelles s'ajoutent 46 compagnies d'assurance, 70 compagnies aériennes étrangères, 1 800 déclarants directs partiels (concernant leurs comptes à l'étranger). De plus, des enquêtes spécifiques sont réalisées (crédits commerciaux, investissements directs). Au total, 3 500 déclarants transmettent plus de 25 millions d'informations [MEFI et Banque de France, 2001]. Les BP mensuelles sont rapidement disponibles (délai d'un mois), ce qui est très utile pour le suivi conjoncturel.

La mise à jour des informations conduit à des révisions périodiques et souvent importantes des BP. Des changements de méthodologie peuvent aussi entraîner des révisions. C'est ainsi qu'en octobre 2001 la balance des paiements française (provisoire) affichait pour l'année 2000 un excédent des transactions courantes de 21 milliards d'euros, qui se trouve réduit à 17,7 milliards d'euros dans le tableau 4 ci-dessus, qui date de 2002. À cela s'ajoutent diverses modifications mineures, qui font passer le poste « Erreurs et omissions » de 11,9 à – 8 milliards. Pour importantes qu'elles soient, ces révisions ne sont cependant pas aussi troublantes que les incohérences que l'on relève au niveau international.

Le problème des incohérences internationales

L'analyse des données au niveau international (c'est-à-dire en considérant ensemble toutes les balances des paiements de tous les pays du monde) est un puissant moyen de vérification de la qualité des données. En effet, comme tout ce qui quitte un pays arrive dans un autre, le total des débits et crédits de chaque poste de la BP consolidée au plan mondial devrait être nul. C'est ce que devrait montrer l'agrégation des balances des paiements de tous les pays du monde rassemblées par le FMI.

En fait, le « solde agrégé de la balance courante mondiale », qui est la somme des soldes courants de tous les pays du monde (et des organisations internationales), est loin d'être nul. Il existe chaque année une différence très significative entre le total des crédits et le total des débits (le graphique 1 présente la valeur absolue de l'écart). Jusqu'au milieu des années 1990, cette différence était assez stable, entre 50 et 100 milliards de dollars. Elle était négative, ce qui signifie, par exemple, si l'on divise le monde entre zone OCDE et zone hors OCDE, que les pays qui ont exporté vers les pays de l'OCDE n'ont pas enregistré toutes leurs exportations ou que l'OCDE surévalue ses importations. À la fin des années 1990, le mouvement est devenu erratique et de plus grande ampleur : il passe de 3 milliards en 1997 à 144 milliards en 2001.

GRAPHIQUE 1. — ÉCART STATISTIQUE MONDIAL DE 1984 À 2001
(milliards de dollars, en valeur absolue)

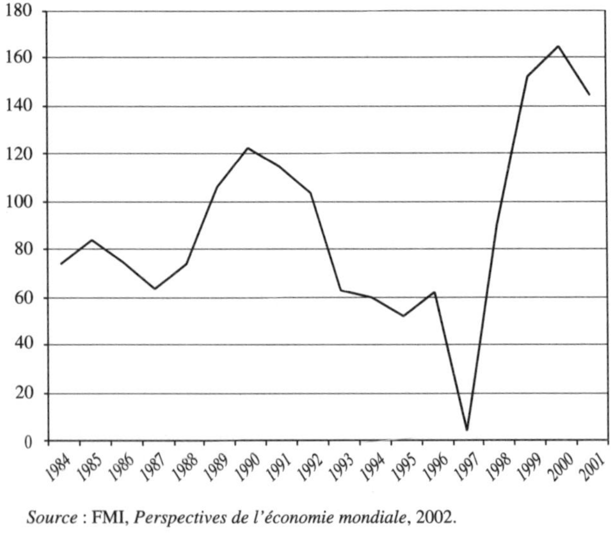

Source : FMI, *Perspectives de l'économie mondiale*, 2002.

Cela pose un problème d'interprétation des balances des paiements. Si l'on estime que les flux sont enregistrés correctement dans les pays de l'OCDE (juste une hypothèse d'école), le solde de la balance courante des autres pays se situe… quelque part entre 160 et 336 milliards de dollars ! Ce problème a été souvent discuté [Rabaud, 1999] et le FMI, la BRI et l'OCDE ont mis en place en 1983 une commission pour l'étudier. Il semble donc sage de ne pas attacher trop d'importance à des « petits » déficits ou excédents. Monique Fouet plaidait dès le début des années 1990 (*Le Monde* du 8 octobre 1991) pour une révision rapide des méthodes, considérant que des informations erronées pouvaient conduire à des « erreurs graves de politique économique », certains pays adoptant des politiques restrictives pour assurer un équilibre de leur balance des paiements… qui serait en réalité déjà assuré !

Incohérences statistiques et mesure de la fuite des capitaux

Il est possible de chercher à tirer parti des différences qui apparaissent entre les données de flux d'endettement enregistrés dans la BP et les données sur la dette extérieure recensées ailleurs (par exemple auprès des créanciers). À quoi sont dues ces différences ? Certains [Lessard et Williamson, 1987] estiment que la « fuite des capitaux » devrait en expliquer une bonne partie. Par « fuite des capitaux », on désigne les capitaux qui quittent les pays en développement ou ceux d'Europe de l'Est pour se « mettre à l'abri » des poursuites ou de la fiscalité. Ces capitaux vont se placer habituellement dans les pays industrialisés ou dans les paradis fiscaux en utilisant différentes méthodes telles que la sous-facturation des exportations ou les surfacturations des importations de biens ou de services. La fuite des capitaux (FC) est évaluée de la manière suivante :

$$FC = D + IDE - (CC + R) \qquad (1)$$

où D représente la variation de la dette extérieure, IDE le montant net des investissements directs, CC le solde du compte courant et R la variation des réserves. Ce type d'évaluation a souvent mis en lumière des fuites de capitaux très importantes, quoique la méthode reste évidemment imprécise (il se peut que le montant FC ainsi calculé soit tout simplement lié à de mauvais enregistrements). Boyce et Ndikumana [2001] ont mis en œuvre cette méthode dans le cas des pays africains.

Ils aboutissent ainsi à la conclusion que les avoirs des résidents africains à l'extérieur sont supérieurs à la dette extérieure des États africains.

Le rapprochement avec les comptes nationaux

Le projet de la comptabilité nationale (CN) consiste à retracer de manière cohérente l'ensemble des flux au sein d'une économie. Les flux entre résidents et non-résidents constituent le « compte du reste du monde » [Piriou, 2003, p. 66-67]. Pour des raisons historiques, la BP et le compte de l'extérieur étaient assez différents dans les années 1960 et 1970 et il était malaisé de comprendre le passage de l'une à l'autre [Byé et Destanne de Bernis, 1977, p. 102-111]. Jusqu'en 1971, la BP française était établie en termes de règlements, alors que la CN était établie en termes de transactions ; jusqu'en 1967, la BP française comprenait la zone franc, mais pas la CN. Des efforts ont été faits pour rapprocher les deux documents. Depuis 1993, il n'existe plus de différences majeures entre les deux documents. Avant d'étudier en détail les différences mineures qui existent, nous présentons les relations entre les identités comptables retracées par la CN et par la BP dans une économie ouverte.

Identités comptables : BP et comptes nationaux

L'équilibre ressources-emplois en biens et services s'écrit (en éliminant les variations de stocks pour simplifier) :

$$Y + M = C + I + X \qquad (2)$$

Dans cette relation, Y représente le PIB, M les importations de biens et services, C la consommation finale (publique et privée), I les investissements (y compris la variation des stocks), et M les exportations de biens et services. Pour faire apparaître le solde de la balance des biens et services, on peut réécrire la relation sous la forme suivante (en notant S l'épargne intérieure) :

$$X - M = Y - C - I = S - I \qquad (3)$$

L'identité montre que, *a posteriori*, le solde de la balance des biens et services est identique au solde « épargne intérieure moins investissement ». On peut affiner cette approche en distinguant épargne et investissement privés et publics (voir encadré p. 37). Mais l'équation ne concerne que les biens et services.

Épargne privée, épargne publique : le déficit de la balance courante des États-Unis et les « déficits jumeaux »

À la fin des années 1980, toute une littérature économique a analysé le déficit de la balance courante des États-Unis en termes de « déficits jumeaux ». Dans cette approche, le déficit de la balance courante s'expliquait par le déficit budgétaire. Quel que soit le bien-fondé de la relation de causalité, cette approche n'a pas de véritable base sur le plan comptable. Si l'on distingue l'épargne publique *Sg* et l'épargne privée *Sp*, ainsi que l'investissement privé *Ip* et l'investissement public *Ig*, l'équation peut s'écrire :

$$X - M = Sp + Sg - Ip - Ig \qquad (4)$$

Le solde de la balance courante dépend donc aussi bien du niveau des investissements et de l'épargne privée que de la capacité de financement ($Sp - Ip$) publique.

L'évolution à la fin des années 1990 aux États-Unis illustre un tout autre cas de figure : alors que l'épargne publique devient positive (excédent budgétaire), c'est l'épargne privée qui devient négative et s'accompagne d'un déficit de la balance courante.

En introduisant les revenus reçus du reste du monde (*XR*) et ceux qui sont versés au reste du monde (*MR*), on écrit, en notant *RNB* le revenu national brut (anciennement nommé PNB) et *R* le solde des revenus :

$$X + XR - M - MR = Y + R - C - I = RNB - C - I \qquad (5)$$

Enfin, en incorporant les transferts reçus (*XT*) et versés (*MT*) au reste du monde, on obtient (en notant *RNDB* le revenu national disponible brut, *T* le solde des transferts et *ENB* l'épargne nationale brute) :

$$X + XR + XT - M - MR - MT = RNB - C - I = ENB - I \qquad (6)$$

La première partie de la relation retrace la balance courante, qui est donc égale, *a posteriori*, à la capacité de financement de la nation.

Sur la base de ces identités comptables, Sidney Alexander construisit en 1952 une analyse de la balance des paiements baptisée « approche de l'absorption » : en nommant absorption le total $C + I$, il apparaît que la balance commerciale devient déficitaire si l'absorption dépasse le revenu.

En pratique, la correspondance n'est pas aussi parfaite. Le solde des transactions courantes de la balance des paiements ne comprend pas les transferts en capital, alors que c'est le cas dans la capacité de financement de la nation des comptes nationaux.

En France, la CN s'est adaptée au SCN 93 depuis le changement de base de 1995. Cela a permis de rapprocher considérablement les deux systèmes. En particulier, le découpage géographique est désormais le même : la « France » décrit le territoire métropolitain et les DOM. Il existe néanmoins encore des différences entre la BP et la CN. Ces différences tiennent, notamment, à une différence concernant les corrections FAB-CAF, comme le montre le tableau 7.

TABLEAU 7. — DIFFÉRENCES D'ENREGISTREMENT DU COMMERCE EXTÉRIEUR EN FRANCE (BP et CN)

Balance des paiements, Banque de France		*Comptabilité nationale, INSEE*	
Balance commerciale FAB-FAB (douanes)	3,3	Balance commerciale FAB-FAB (douanes)	3,3
+ corrections (échanges sans paiement)	+ 0,5	+ écart sur correction CAF-FAB	– 1,3
		+ réparation des biens d'équipement	+ 0,2
		+ correction des échanges intracommunautaires	– 0,4
+ autres corrections (travail à façon, réparation, avitaillement...)	– 0,1	+ autres corrections	– 0,7
= *Solde des échanges de biens FAB-FAB*	*3,7*	= *Solde des échanges de biens FAB-FAB*	*1,2*

Source : « Les échanges extérieurs en 2001 », *INSEE Première*, n° 855, juin 2002, *http://www.educnet.education.fr/insee/comext/combien/*

Cet écart devrait disparaître dans la prochaine base des comptes nationaux. L'écart sur la mesure des échanges intracommunautaires vise à prendre en compte le fait que les entreprises ne sont pas tenues de déclarer les échanges de biens dont le montant est inférieur à 100 000 euros. Les « autres corrections » effectuées par l'INSEE anticipent certaines révisions qui seront faites ultérieurement par les douanes. Partant d'une même base, on obtient donc une différence entre les soldes des échanges de biens FAB-FAB de 2,5 milliards d'euros. En tenant compte des différences sur les autres postes, la divergence s'accentue. Ainsi, pour l'année 2000, la BP enregistrait (lorsqu'elle a été publiée en mai 2002) un solde des transactions courantes + solde des transferts en capitaux de 178,9 milliards d'euros, alors que l'équivalent (la capacité de financement de la nation de la CN) était évalué à 134,7 milliards d'euros seulement (*INSEE Première*, n° 794, juillet 2001). Il reste donc du travail à accomplir pour que la correspondance soit parfaite.

Par ailleurs, il persiste un problème de vocabulaire. Le terme « investissement direct » retenu dans la BP est malheureux. Il peut prêter à confusion avec l'investissement au sens de la formation brute de capital (FBC) de la comptabilité nationale. Les IDE les plus importants sont souvent des opérations de fusion ou d'acquisition. Il s'agit d'un simple changement de propriété qui n'augmente pas en soi la capacité productive de la nation d'accueil. Il est même possible qu'il la réduise, si le rachat a été effectué pour liquider un concurrent plutôt que pour l'intégrer.

L'apport de la CN pour l'analyse : le partage volume/prix

Quand on cherche à étudier l'évolution d'une économie sur une période donnée, il n'est pas pertinent de comparer les flux de la balance courante des différentes années car ceux-ci sont établis en valeur courante. Si l'inflation est forte, cette comparaison n'a pas de sens (c'est généralement ce qui se passe à la suite d'une dévaluation). La méthode préférée des statisticiens, consistant à déflater les variables (à les calculer en euros constants, en faisant abstraction de l'inflation), n'est pratiquement jamais utilisée en ce qui concerne la balance courante. Elle est toutefois disponible au niveau des comptes nationaux, au moins pour les exportations et importations de biens et services [Piriou, 2003, p. 100-101]. Faute de disposer de comptes à prix constants, on étudie le taux de couverture (le rapport entre exportations et importations) plutôt que le solde commercial. Si la balance commerciale est positive, le taux de couverture est supérieur à 1. Cependant, si le commerce extérieur progresse rapidement, il est possible que le taux de couverture s'améliore, alors que le déficit augmente.

Malgré toutes ces difficultés, les BP restent d'irremplaçables instruments d'analyse de la situation économique d'un pays. Analysées avec précaution, elles fournissent la base d'une évaluation de la « santé » économique d'un pays à long (chapitre III) et à court terme (chapitres IV, V et VI).

III / Dynamique des balances des paiements et soutenabilité de la dette extérieure

La balance des paiements pour une année donnée indique s'il existe un excédent global (l'économie accumule des moyens de paiement internationaux) ou si, au contraire, les réserves se réduisent. Mais il est possible d'accumuler des devises sous l'effet d'un afflux de capitaux extérieurs (c'est-à-dire en simplifiant un peu, au prix d'un endettement extérieur croissant) ; dans ce cas, il est probable que cette situation finira par s'inverser compte tenu des remboursements d'intérêts et de principal. Symétriquement, il est possible que la balance des paiements soit transitoirement déficitaire, mais que ce déficit soit lié à des remboursements élevés en principal ; dans ce cas, l'économie se désendette, et la balance des paiements va probablement se redresser dans les années suivantes…

On conçoit qu'il est donc important de se pencher sur la dynamique de la balance des paiements, pour savoir si les tendances observées à une période donnée ont une chance de perdurer, ou au contraire si l'on doit envisager à l'avenir des inflexions plus ou moins marquées. Pendant presque un siècle, la théorie des « stades de la balance des paiements » a prétendu fournir un schéma général d'évolution (voir encadré p. 42).

Si l'on suppose, pour simplifier, que tout déficit du compte courant est financé par un emprunt, la question de la dynamique revient à se demander si, à terme, la dette extérieure ne risque pas de devenir « insoutenable », autrement dit s'il sera toujours possible de faire face aux remboursements de capital et au versement des intérêts. Dans ce qui suit, la dynamique de la balance des paiements est d'abord présentée à partir d'un exemple, puis analysée dans un modèle théorique.

La théorie des stades de la balance des paiements

À la fin du XIXe siècle, une théorie des stades de la balance des paiements (ou théorie de la croissance transmise par les mouvements de capitaux), qui a eu longtemps la faveur des experts, affirmait que les pays commencent par recevoir des capitaux, car leur faible dotation en capital entraîne des taux d'intérêt élevés. Il en résulte une croissance des revenus et de l'épargne locale, qui remplace ainsi progressivement l'épargne extérieure. Peu à peu, la situation s'inverse, l'épargne locale devient surabondante par rapport aux investissements et le pays exporte à son tour des capitaux, recevant des revenus élevés de ses placements à l'étranger. Inspirée de l'expérience historique de la Grande-Bretagne et des États-Unis, cette théorie se heurte évidemment à la récurrence des crises d'endettement. De plus, il est impossible que tous les pays atteignent le dernier stade (à qui prêter dans ce cas ?). Enfin, les États-Unis sont redevenus emprunteurs nets, ce qui ne cadre guère avec la linéarité de cette approche théorique. Tous ces aspects expliquent pourquoi cette approche est un peu tombée en désuétude et incitent à analyser plus précisément la dynamique des balances des paiements.

1. Un exemple de dynamique de la balance des paiements : le cas du Burkina Faso

Choisissons l'exemple d'une économie dont la balance des paiements est relativement simple au niveau des opérations financières : le Burkina Faso (BF). Ce pays fait partie des pays pauvres très endettés (PPTE) pour lesquels le FMI a effectué des projections détaillées, analogues dans leur principe à celles qui sont présentées dans le tableau 8 (*http://www.imf.org/external/np/hipc/2002/bfa/bfacp.pdf*). Ce tableau montre qu'en 2001 la balance des paiements du BF était excédentaire, malgré un déficit important de la balance des biens et services. En effet, les dons et les prêts compensaient largement ce déficit (tout en entraînant des importations). Cette configuration n'est pas rare dans les pays qui importent du capital (ou reçoivent beaucoup de dons, comme c'est le cas du BF), puisque les entrées de capital et les dons se traduisent généralement par des importations, notamment de biens d'équipement.

Le tableau 8 présente, pour la période 2002-2006, une projection qui n'a aucune prétention opérationnelle, mais vise seulement à décrire la méthode. Pour construire cette projection (et d'autres qui seront présentées plus tard), il faut formuler des hypothèses. Une bonne référence consiste à se demander ce qui se passerait si les tendances observées dans les années récentes se poursuivaient.

Entre 1994 et 2001, les exportations et les importations de biens et services du BF ont progressé aux taux respectifs de 0,94 % et de 3,64 % par an en dollars courants, alors que les postes « Transferts » et « Capitaux » ont diminué dans la même période de 1,84 % par an (surtout en fin de période, du fait de la réduction des envois des travailleurs émigrés en Côte-d'Ivoire). Nous supposons que les importations et les exportations vont croître à ces taux constants sur toute la période de projection. Il en est de même pour les postes « Transferts » et « Capitaux » qui seront regroupés pour simplifier. Le crédit du poste « Revenu » est lié à la rémunération des avoirs extérieurs nets (AEN), et le débit aux intérêts payés sur la dette extérieure. Nous supposons par ailleurs que le taux d'intérêt sur les sommes empruntées à l'extérieur par le BF se monte à 1 % et qu'il restera à ce niveau pour toute la période considérée (c'est approximativement le taux moyen en 2002). Pour effectuer une projection, il ne manque plus que les encours d'AEN et de dette extérieure à la fin de l'année 2001 (respectivement 274 millions de dollars et 1 378 millions de dollars).

Supposons que l'objectif est de stabiliser les AEN à leur niveau atteint en fin d'année 2001. Le BF devra emprunter à l'extérieur le montant nécessaire pour que le solde global de la balance des paiements soit nul (pour que les réserves ne varient pas). Nous supposons que cela est possible (c'est-à-dire que le BF trouvera toujours un prêteur pour la valeur du taux d'intérêt retenue comme hypothèse). La dette extérieure, à la fin de l'année 2002, sera égale à celle qui avait été contractée à la fin de l'année 2001 (1 378 millions de dollars), plus les nouveaux emprunts nets de l'année 2002 (125 millions de dollars). Elle sera donc égale à 1 509 millions de dollars, en supposant que les taux de change restent constants. Le même calcul permet de décrire l'évolution de la dette extérieure pour les années suivantes. Il ne reste plus qu'à calculer les intérêts payés et reçus (le poste de revenus nets) pour terminer la projection. Les intérêts reçus sur les réserves sont constants (3 % de 307 millions, puisque les réserves sont supposées constantes). En simplifiant, on obtient les intérêts payés en appliquant le taux d'intérêt retenu comme hypothèse au stock de dette du début d'année (1 378 × 1 % pour l'année 2002, en supposant que les nouveaux emprunts et les remboursements en capital se font en fin d'année). On obtient ainsi les projections présentées dans le tableau 8, que l'on peut poursuivre sur une période aussi longue qu'on le souhaite.

TABLEAU 8. — PROJECTION DE LA BALANCE DES PAIEMENTS DU BURKINA FASO
(en millions de dollars)

Années	*2001*	*2002*	*2003*	*2004*	*2005*	*2006*
Balance des paiements						
Exportations	233	235	237	240	242	244
Importations	– 610	– 632	– 655	– 679	– 704	– 729
Revenus nets	– 4	– 6	– 7	– 9	– 10	– 13
Transferts et capitaux	283	278	273	268	263	258
Opérations financières nettes	131	125	152	180	210	240
Financement	– 33	0	0	0	0	0
Encours (en fin d'année)						
AEN fin de période	274	307	307	307	307	307
Dette extérieure fin de période	1 378	1 509	1 635	1 787	1 967	2 177
Indicateur d'endettement						
Dette extérieure/ exportations	592 %	642 %	689 %	746 %	813 %	892 %

Source : ministère de l'Économie et des Finances, Burkina Faso, 2002.

Quels enseignements peut-on tirer de cet exercice purement arithmétique ? Sous les hypothèses posées, la dette extérieure ne cesse de s'accumuler. En soi, cela ne donne pas d'indication bien claire, puisque le poids d'une dette dépend des revenus de celui qui s'endette. C'est pourquoi on apprécie l'évolution de l'endettement à partir d'indicateurs. Ici, c'est le rapport entre dette et exportations. Il est calculé en bas du tableau. Ce ratio est rapidement croissant, ce qui montre que le problème va en s'aggravant. Dans ce cas, la dette est dite « insoutenable ». Pourquoi ? Lorsque les créanciers prendront conscience de cette tendance, ils jugeront que le risque de prêter au BF devient trop grand. Si le BF était un pays à revenu intermédiaire, comme l'Argentine, les créanciers exigeraient des taux d'intérêt plus élevés (une prime de risque plus importante), mais s'ils continuent à prêter autant, cela ne fera qu'aggraver le problème. S'ils cessent de prêter, les avoirs extérieurs détenus par le BF permettront de faire face à la situation pendant un certain temps, après quoi le BF sera dans l'incapacité d'honorer les paiements qu'il doit faire à l'extérieur (du moins au taux de change en vigueur, et en faisant abstraction de son appartenance à la zone franc).

La dynamique qui vient d'être décrite ne fait que refléter les hypothèses de départ. Si nous en avions adopté d'autres, les évolutions auraient été différentes. Le graphique 2 présente l'évolution du ratio dette/exportations sur une trentaine d'années, dans trois cas. Le premier scénario (S1) est le scénario « tendanciel » qui vient d'être présenté. Mais on peut juger que les hypothèses du scénario 1 ne sont pas très réalistes et construire d'autres scénarios avec d'autres hypothèses, tout en conservant la même méthode de projection.

Le deuxième scénario (S2) est un scénario qui traduit un accroissement de l'aide : les transferts (subventions) augmentent de 5 % par an. Dans ce scénario, on suppose également que le taux d'intérêt sur les prêts se réduit (le taux d'intérêt est fixé à 0,5 %).

GRAPHIQUE 2. — BURKINA FASO,
PROJECTION DU RATIO DETTE/EXPORTATIONS
(EN MILLIERS DE %)

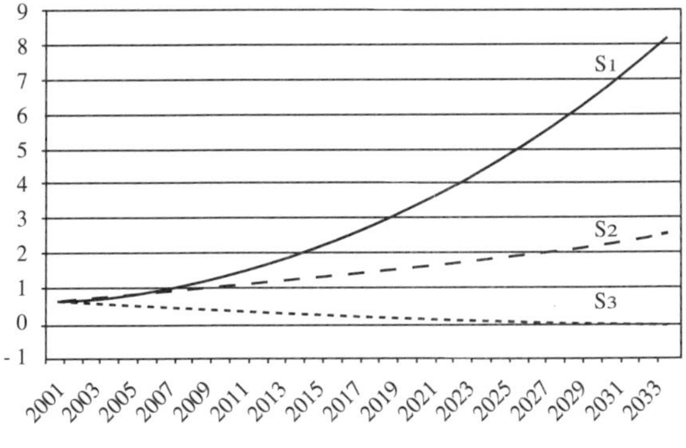

Le troisième scénario (S3) conserve le taux d'intérêt de 0,5 %, mais la générosité des donateurs est plus faible (les transferts croissent à 3,5 % par an). Par ailleurs, un effort réussi de relance des exportations (+ 6,5 % par an en valeur) est supposé entraîner une élévation du taux de croissance des importations (4 % en valeur).

Comme le montre le graphique 2, les évolutions décrites par ces trois scénarios sont très différentes. Dans le premier, le ratio dette/exportation poursuit une croissance continue (et exponentielle) ; la dette devient insoutenable. Dans le deuxième cas, le ratio tend vers un plafond (très élevé en l'occurrence, il dépasse 3 000 %) ; la dette est alors soutenable, en ce sens que le ratio d'endettement choisi se stabilise (mais cela suppose que les créanciers continuent à prêter). Enfin, dans le troisième scénario, l'augmentation des exportations et la reprise des transferts changent le pronostic : la dette extérieure s'annule à la fin de la période, ce qui définit la solvabilité.

Ces simulations indiquent qu'un changement, même mineur, dans la valeur des paramètres peut avoir des conséquences importantes. Dans la réalité, il existe une forte incertitude sur toutes ces valeurs. L'observation du passé ne suffit pas à faire un pronostic sur le futur. Même si les calculs qui précèdent permettent d'avoir une idée du futur, l'organisme extérieur qui déciderait de prêter au BF devra toujours faire un pari sur l'avenir. Cet exercice permet au moins d'identifier les risques.

2. L'analyse de la soutenabilité : le modèle de base de la dette extérieure

En simplifiant, l'équilibre ressources-emplois de la balance des paiements s'écrit (en intégrant tous les transferts dans les exportations ou importations, et en considérant les réserves comme une créance sur le reste du monde, qui vient en déduction de la dette extérieure) :

Exportations de biens et services + emprunts extérieurs =
importations + remboursements en capital +
intérêts sur la dette extérieure.

En notant F le montant des nouveaux emprunts pendant l'année, A l'amortissement (ou remboursement en capital), D le montant de la dette totale, X le montant des exportations de biens et services, M le montant des importations de biens et services, et r le taux d'intérêt (supposé constant), on peut écrire l'équilibre de la BP comme suit (les indices représentent la période lorsqu'il s'agit de flux et le début de la période lorsqu'il s'agit d'encours) :

$$X_t + F_t = M_t + A_t + r\,D_t \qquad (7)$$

Cet équilibre peut également se lire comme une équation liant les valeurs de périodes successives (une « contrainte intertemporelle »). En effet, le solde « emprunts extérieurs – remboursements en capital » $(F - A)$ représente l'accroissement de l'endettement extérieur (hors prise en compte de la revalorisation de l'encours en cas de variation du taux de change). On peut donc réécrire (7) :

$$X_t + D_{t+1} - D_t = M_t + r\,D_t \qquad (8)$$

Soit encore, en réarrangeant les différents termes :

$$D_{t+1} = D_t\,(1 + r) + M_t - X_t \qquad (9)$$

La dette augmente en raison du déficit de la balance courante primaire (hors intérêts), mais aussi du fait des paiements d'intérêts sur la dette antérieure (effet « boule de neige »). En considérant que la dette est supportable (ou soutenable) lorsque le rapport dette/PIB ($d = D/Y$) tend vers une valeur finie, la condition de solvabilité peut s'établir en résolvant l'équation (9) par récurrence. En passant en temps continu pour simplifier les calculs, et en notant « ' » les dérivées par rapport au temps, la différenciation logarithmique du rapport d s'écrit (d'/d est le taux de croissance de la variable d) :

$$\frac{d'}{d} = \frac{D'}{D} - \frac{Y'}{Y} \qquad (10)$$

En reportant dans l'équation (10) la valeur de D' (limite de la différence $D_{t+1} - D_t$) obtenue dans l'équation (9), en notant g le taux de croissance du PIB, et en multipliant les deux membres par d, il vient :

$$d' = (r - g)\,\mathrm{d} + \frac{M - X}{Y} \qquad (11)$$

Cette équation détermine la trajectoire de d dans le temps, à partir d'une situation donnée au temps 0 (D_0 et Y_0).

Si *(M – X)/Y* est fixe, *d* ne croît au cours du temps (*d' > 0*) qu'à la condition que *r > g*. Dans le cas contraire, la dette est « soutenable », puisque *d* diminue : c'est donc la condition de « soutenabilité ». *La dette est soutenable si le taux de croissance du PIB est supérieur au taux d'intérêt.*

À l'inverse, lorsque *r > g*, l'équation (11) montre que le ratio *d* peut être maintenu constant. Pour cela, il faut dégager un excédent (ce qui revient à dire que *M – X* est négatif) du montant donné par la résolution de l'équation (11) : si le PIB croît à 10 % en valeur alors que le taux d'intérêt nominal est de 13 %, une économie dont le taux d'endettement extérieur est de 100 % du PIB devra dégager un excédent primaire de 3 % du PIB pour stabiliser son taux d'endettement au niveau de 100 %.

Mais il est possible qu'une économie conserve pendant des périodes très longues des déficits de sa balance courante (balance primaire + paiements d'intérêts). Il suffit pour cela que le taux d'intérêt auquel elle emprunte soit inférieur à son taux de croissance. Une économie qui aurait un taux d'endettement de 100 % pourrait ainsi enregistrer un déficit constant de sa balance primaire de 3 % du PIB sans accroître son ratio d'endettement, à condition que son taux de croissance dépasse de 3 points de pourcentage le taux d'intérêt de ses emprunts. Une telle situation n'est pas un cas d'école : l'Australie et le Canada, par exemple, se caractérisent par des déficits du compte courant permanents (et dépassant parfois largement les 5 % du PIB dans le cas de l'Australie) sans que leur dette extérieure devienne explosive [Obstfeld et Rogoff, 1996]. Cependant, cela n'est possible que parce que les prêteurs n'ont jamais perdu confiance dans la capacité de remboursement de ces deux pays, contrairement à ce qui se passe pour l'Argentine ou la Turquie.

La démonstration qui vient d'être faite à partir de la balance des paiements est très générale. En remplaçant les exportations et les importations par les recettes et dépenses publiques primaires (hors intérêts) respectivement, et la dette extérieure par la dette publique, on obtient des résultats analogues pour l'analyse de la soutenabilité de la dette publique.

3. Les limites du modèle de base

Ce modèle connaît cependant de nombreuses limites. Ainsi, les différents taux étant exogènes, le modèle ne tient pas compte des liaisons éventuelles entre eux. Il peut cependant exister une liaison entre les montants exportés et les montants importés : l'augmentation des exportations peut s'accompagner d'une croissance des importations de produits intermédiaires. De même, l'équation (11) repose sur l'idée que les évolutions du taux d'intérêt et des taux de croissance (du produit, des exportations, des taxes, etc.) sont indépendantes. Or ce n'est pas toujours le cas. Ainsi, en 1979, la modification de la politique monétaire des États-Unis a entraîné une hausse brutale des taux d'intérêt, mais aussi un ralentissement de la croissance et, partant, des exportations des pays endettés vers le marché américain. D'où l'idée d'un accroissement du fardeau de la dette résultant de l'augmentation des taux d'intérêt. En outre, la réduction de l'inflation et des prix des matières premières a provoqué la crise d'endettement de 1982 pour les pays en développement qui n'ont pas pu ou su s'ajuster assez rapidement (Mexique).

Une analyse plus précise doit donc prendre en compte ce type d'interrelations, ce qui est évidemment complexe et fait difficilement l'objet de généralisations. Certains modèles tiennent compte de l'impact des flux empruntés sur l'investissement et la croissance. Cela conduit à souligner le rôle de l'efficacité des investissements réalisés grâce aux emprunts. Plus généralement, il faudrait tenir compte de l'ensemble des relations macroéconomiques par lesquelles les BP s'ajustent à long terme.

À court terme, la capacité prédictive d'un tel modèle est faible parce que les paramètres peuvent varier brutalement, et que ces variations ont un impact sur les anticipations. Par exemple, avant la crise d'endettement de 1982, les taux de croissance des exportations des principaux débiteurs latino-américains étaient largement supérieurs au taux d'intérêt. De 1970 à 1979, le taux de croissance annuel en valeur des exportations de l'ensemble des pays en développement non pétroliers s'élevait à 19 %. Après 1980, ce taux de croissance a connu une chute considérable et est devenu durablement inférieur au taux d'intérêt : on ne peut donc que constater, après coup, le non-respect du critère de soutenabilité.

Les banques qui prêtent aux pays en développement sont surtout préoccupées par l'évolution de court terme. Cela les conduit à privilégier des indicateurs beaucoup plus frustes, mais susceptibles de traduire l'imminence d'une crise comme le rapport entre le service de la dette dans les mois qui viennent et le niveau des réserves de change. De plus, de nombreux facteurs non économiques peuvent entraîner des difficultés de remboursement. Tous ces éléments sont pris en compte dans l'analyse du « risque pays » effectué par les banques.

Enfin, l'analyse présentée ci-dessus suppose que le problème est un manque de moyens de paiements internationaux, ce qui n'est pas toujours le cas, surtout si le taux de change flotte librement. En effet, c'est souvent l'État qui contracte l'essentiel de la dette extérieure. Dans ce cas, le problème d'endettement est essentiellement un problème de dette publique. C'est alors la dynamique des finances publiques et non celle de la balance des paiements qui devrait être examinée en priorité.

IV / L'analyse économique de la balance des paiements

L'approche économique de la balance des paiements vise à expliquer *pourquoi et comment la balance des paiements évolue au cours du temps*. La grille d'analyse présentée ici s'appuie sur l'*analyse macroéconomique* de l'évolution d'un certain nombre de grandeurs. Ces dernières correspondent aux grands postes du document comptable (voir chapitre II), mais beaucoup moins détaillées.

La balance des paiements sera décomposée en trois : la balance courante, la balance des opérations financières et la variation des réserves officielles de change. La balance des transactions courantes sera réduite aux seules transactions de biens et services. La balance des opérations financières (qui récapitule l'ensemble des flux financiers) sera constituée de deux postes : les investissements directs (ID), qui sont considérés comme des mouvements de capitaux à long terme, et les investissements de portefeuille qui sont à l'origine de mouvements de capitaux à court terme. Les autres investissements, qui apparaissent dans le document comptable, ne seront donc pas pris en compte ici. Ces deux premières balances constituent la balance globale dont le solde est essentiel dans l'analyse économique de la balance des paiements. Vient ensuite la variation des réserves de change, conformément à l'approche définie dans les chapitres précédents. Ces variations sont enregistrées à l'actif du bilan de la banque centrale. Chacune de ces trois balances est décrite dans la suite du chapitre.

1. La balance courante

Du point de vue comptable, la balance courante comprend la balance commerciale, mais aussi la balance des services, des revenus et des transferts. Elle reprend tous les postes en dehors du compte de capital et des opérations financières. La balance courante retrace donc les transactions « réelles », par opposition aux opérations « financières ». Les transactions réelles étant considérées comme plus stables que les transactions financières, il est intéressant de les étudier à part. C'est pourquoi la balance courante fait l'objet de tant d'attention dans l'approche économique. Mais les transferts courants (voir chapitre II) sont exclus de l'analyse.

Les exportations de biens et services du pays dépendent positivement du revenu du reste du monde (RDM). Lorsque le revenu étranger s'accroît, la demande pour les produits domestiques a tendance à augmenter, toutes choses égales par ailleurs. Cela conduit donc à un accroissement des exportations domestiques. *Symétriquement, l'accroissement du revenu domestique implique une augmentation des importations* (qui sont les exportations du RDM). Par exemple, compte tenu du poids de ce pays, la conjoncture économique des États-Unis constitue l'un des principaux déterminants de l'état de santé de l'économie mondiale. L'année 2001 a été marquée par un ralentissement de la conjoncture américaine, ralentissement dû en grande partie à la diminution de la consommation des ménages américains. Lorsque les Américains consomment moins, la demande américaine pour les biens étrangers se réduit elle aussi. Il en résulte une diminution des exportations des pays qui sont les partenaires commerciaux des États-Unis. Ainsi une récession américaine (ou, à l'inverse, une expansion) se propage-t-elle au RDM ; les conjonctures des grands pays sont mutuellement dépendantes les unes des autres. Si, consécutivement à une récession aux États-Unis, les exportations européennes se réduisent, la situation économique des Européens se détériore toutes choses égales par ailleurs. Le ralentissement de la conjoncture européenne a des conséquences négatives en retour sur l'économie américaine. Cela implique donc une diminution des exportations américaines et ainsi de suite. Cela illustre l'interdépendance des économies [voir Béraud, 1999 ; Krugman et Obstfeld, 2001].

Les exportations et les importations d'un pays dépendent aussi du niveau du taux de change réel. Ce dernier mesure approximativement la compétitivité des produits domestiques. Il se définit comme le rapport entre le niveau général des prix domestiques (exprimé en monnaie étrangère) et le niveau général des prix étrangers. Soit, en écrivant P : niveau général des prix domestiques, P^* : niveau général des prix étrangers et e : taux de change nominal coté au certain (1 unité de monnaie nationale = e unité(s) de devise étrangère),

$$\text{Taux de change réel} : q = \frac{eP}{P^*} \qquad (12)$$

Le taux de change réel est un des indicateurs de la compétitivité des produits nationaux. Il compare le prix d'un même panier de biens dans la nation et à l'étranger. C'est donc une mesure du pouvoir d'achat relatif de la monnaie nationale par rapport à la monnaie étrangère. C'est pourquoi il est préféré au taux de change nominal (e) qui ne donne aucune indication sur le pouvoir d'achat relatif de la monnaie domestique. Lorsque le taux de change réel augmente (« s'apprécie »), les biens domestiques sont plus chers pour les acheteurs étrangers. Il en résulte une perte de compétitivité qui handicape les exportations de produits domestiques (et favorise les importations). Les évolutions du taux de change effectif réel (TCER) de la France, de l'Allemagne et du Royaume-Uni sont présentées, pour la période allant du premier trimestre 1975 au quatrième trimestre 2001, dans le graphique 3. La surévaluation de la livre en fin de période apparaît clairement.

Le solde de la balance commerciale est égal à la différence entre les exportations et les importations. Comme les exportations diminuent avec l'augmentation du taux de change réel, *l'analyse du solde de la balance commerciale est souvent menée en termes de compétitivité* : s'il y a déficit, c'est que les non-résidents ne souhaitent pas acquérir les produits domestiques, ou que les résidents préfèrent acheter des produits étrangers. Le taux de change réel n'est pas le seul indicateur de compétitivité des produits domestiques. L'OCDE a développé toute une batterie d'indicateurs, qui sont publiés dans les *Perspectives économiques de l'OCDE.* Le tableau 9 montre que la part des exportations françaises dans le total mondial est ainsi passée de 6,3 % en 1992 à 4,9 % en 2000, ce qui indique une perte globale de part de

GRAPHIQUE 3. — TAUX DE CHANGE EFFECTIFS RÉELS (1975 = 100)

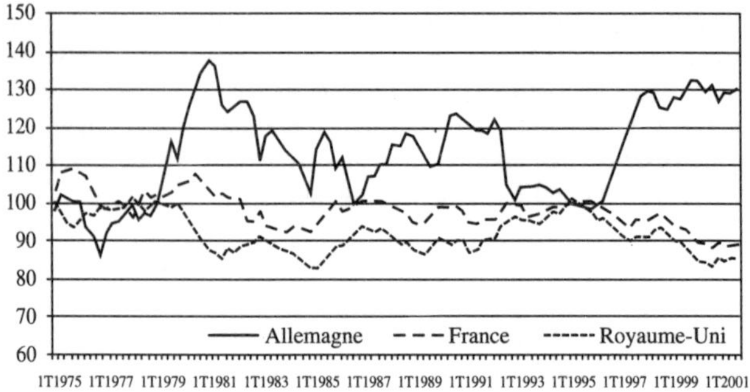

Le TCER est une moyenne pondérée (par le poids dans les échanges) des taux de change réels bilatéraux. 1T renvoie au 1er trimestre de l'année.
Source : OCDE.

marché des produits français. Pourtant, comme le montrent les deux autres colonnes, les prix relatifs à l'export en France ont diminué (mais moins qu'en Allemagne), et les coûts unitaires de main-d'œuvre se sont réduits de manière significative.

Le solde de la balance commerciale est également déterminé par les termes de l'échange (rapport entre les prix à l'exportation et les prix à l'importation). Dans les pays en développement exportateurs de matières premières, le déséquilibre de la balance commerciale résulte souvent d'une brusque variation des termes de l'échange. On observe également des modifications de ce type dans les pays industrialisés (chocs pétroliers). La différence entre les deux types de pays tient au fait que le déficit qui résulte d'un choc sur les termes de l'échange dans les pays industrialisés tend à se résorber à moyen terme par des effets de substitution, alors que de nombreuses rigidités rendent les économies en développement peu flexibles, c'est-à-dire peu capables de modifier leur spécialisation, à court et à moyen terme.

*À côté des considérations en termes de compétitivité, le solde de la balance des transactions courantes dépend positivement du revenu étranger (*via *les exportations) et négativement du revenu domestique (*via *les importations). Quant à l'impact*

TABLEAU 9. — INDICATEURS DE COMPÉTITIVITÉ EN 2000

	Part dans les exportations mondiales (%)		*Prix relatifs à l'exportation (1995 = 100)*	Coûts unitaires de main-d'œuvre (en dollars) (1995 = 100)
	1990	*2000*		
France	6,3	4,9	91,8	82,3
Allemagne	12,2	8,9	90,5	90,1
États-Unis	11,2	11,9	106,5	114,4

Source : *Perspectives économiques de l'OCDE*, n° 70, 2002.

d'une variation du taux de change réel, il est a priori *indéterminé.*

En effet, d'une part, une dépréciation du taux de change réel — qui résulte d'une dépréciation du taux de change nominal (baisse de *e*), d'une diminution de l'inflation domestique (baisse de *P*) ou d'une plus grande inflation à l'étranger (augmentation de *P**) — tend à réduire le volume des importations et à augmenter celui des exportations, ce qui a un effet positif sur le solde. Cet effet est d'autant plus important que les demandes d'exportation et d'importation réagissent fortement à une variation de leur prix. C'est ce type de considération qui inspire les politiques de dévaluation du taux de change nominal, ou la politique dite de « désinflation compétitive » (la baisse de *P*) menée en France à partir du milieu des années 1980 et sur laquelle nous reviendrons.

Mais la dépréciation du taux de change réel augmente aussi le prix des importations en monnaie nationale, ce qui peut avoir des conséquences importantes sur l'économie. En particulier, le renchérissement des importations peut être à l'origine d'un phénomène d'« inflation importée ». Cela entraîne un accroissement des coûts de production qui détériore la compétitivité des entreprises domestiques et pousse les entreprises à licencier et à augmenter leur prix de vente. À plus long terme, en revanche, l'augmentation du prix relatif des biens importés peut avoir des effets bénéfiques sur l'emploi. C'est le cas, par exemple, si la hausse du prix des biens importés déclenche un phénomène de substitution entre les biens importés et les biens produits localement. Nous y reviendrons dans le chapitre VI.

Ainsi, *lorsque le taux de change réel de la monnaie domestique se déprécie, deux effets contradictoires jouent sur le solde*

Le théorème des élasticités critiques

Les importations en volume (*M*) augmentent avec le revenu national (*Y*) et le taux de change réel (*q*) tandis que les exportations en volume (*X*) augmentent avec le revenu étranger (*Y**) et diminuent avec le taux de change réel (*q*). Le solde en *valeur* de la balance courante (*BC*) est égal à la différence entre la valeur des exportations et la valeur des importations. Il s'écrit donc :

$$BC = PX\left((\overset{+}{Y^*},\overset{-}{q})\right) - \frac{P^*}{e} M(\overset{+}{Y},\overset{+}{q}) =$$

$$BC(\overset{+}{Y^*},\overset{-}{Y},\overset{?}{q}) \qquad (13)$$

avec $q = \frac{eP}{P^*}$, e : taux de change nominal, P : niveau général des prix domestiques et P^* : niveau général des prix étrangers.

La dépréciation (respectivement l'appréciation) de la monnaie nationale a un effet favorable (respectivement défavorable) sur le solde de la balance courante si *la somme des valeurs absolues des élasticités-prix des demandes d'importations et d'exportations est supérieure à 1*. Mathématiquement, ce résultat peut être présenté comme suit :

$$\text{Soit } \varepsilon_X = \frac{dX}{dq}\frac{q}{X} < 0 \text{ et } \varepsilon_M = \frac{dM}{\mathrm{dq}}\frac{q}{\mathrm{M}} > 0 \qquad (14)$$

les élasticités respectives des exportations et des importations par rapport au taux de change réel. La différentielle de l'équation (2) donne, en supposant Y^* et Y constants :

$$dBC = \frac{P^*}{e} M \left[\frac{PX}{\frac{P^*}{e}M}\varepsilon_x - \varepsilon_x + 1 \right] \qquad (15)$$

$$\text{avec } \frac{dq}{q} = \frac{de}{e} + \frac{dP}{p} - \frac{dP^*}{p^*} \qquad (16)$$

Si l'on raisonne au voisinage de l'équilibre de la balance courante

$$\left(PX \approx \frac{P^*}{\mathrm{e}} M\right),$$

$$\frac{dq}{q} < 0 \Rightarrow dBC > 0$$

$$\text{si } |\varepsilon_X| + \varepsilon_M > 1 \qquad (17)$$

Cette condition mathématique est le « théorème des élasticités critiques » ou la « condition de Marshall-Lerner ». Elle assure qu'au voisinage de l'équilibre de la balance courante (c'est-à-dire pour un solde initialement proche de zéro), une dépréciation du taux de change réel provoque un surplus de cette dernière. À l'opposé, une appréciation réelle détériore ce solde.

de la balance commerciale exprimée en monnaie nationale : un effet quantité (ou effet volume) et un effet prix. Le problème est donc de savoir lequel des deux effets l'emporte. La théorie économique fournit une réponse sous la forme de la « condition de Marshall-Lerner », ou « théorème des élasticités critiques » (encadré ci-dessus). Cette théorie établit les conditions sous lesquelles l'effet volume l'emporte sur l'effet prix, cas dans lequel une dépréciation du taux de change réel améliore le solde de la balance commerciale. Pour cela, les élasticités-prix des importations et des exportations doivent être suffisamment grandes. Cette condition est généralement supposée vérifiée dans les analyses théoriques. En pratique, c'est plus discutable, dans la mesure où des rigidités peuvent rendre sans effet les variations de prix. C'était le cas de la France d'après guerre [Weiller, 1968], et c'est souvent le cas des pays en développement dont les exportations sont limitées à un nombre réduit de matières premières dont les quantités produites ne peuvent guère varier à court terme.

Ces différents effets sont étalés dans le temps. C'est pourquoi les effets d'une dépréciation du taux de change réel sur la balance des transactions courantes diffèrent à court et à moyen terme. Ce phénomène est connu sous le nom de « courbe en J » (voir encadré p. 58).

La condition de Marshall-Lerner est généralement supposée vérifiée dans l'approche économique de court terme. Une dépréciation du taux de change réel est donc toujours supposée améliorer le solde de la balance courante (à condition que les autres pays ne réagissent pas par une dévaluation concurrente de leur propre monnaie).

Le solde de la balance courante apparaît donc comme déterminé par les revenus domestique et étranger et le taux de change réel. Cependant, *il existe quantité d'autres éléments qui peuvent influencer le solde de la balance courante. C'est le cas, par exemple, des facteurs de compétitivité hors prix : la réputation des produits ou, plus généralement, la différenciation des biens ; la proximité géographique ou culturelle qui peut faciliter les échanges commerciaux ; les subventions aux exportations et les barrières tarifaires à l'entrée des produits.* Ces deux derniers facteurs font l'objet de négociations au sein de l'Organisation mondiale du commerce (OMC). Enfin, la répercussion des variations du taux de change sur les prix intérieurs ou extérieurs n'est pas automatique. En cas de dévaluation de l'euro, par exemple, les exportateurs européens aux États-Unis peuvent décider de baisser leurs prix en dollars ou de les conserver au niveau antérieur (c'est ce que l'on nomme un comportement de marge).

La « courbe en J »

Le théorème des élasticités critiques est-il vérifié dans la réalité ? Tout dépend du laps de temps écoulé depuis la dépréciation du taux de change réel. On commence généralement par observer une dégradation du solde de la balance des transactions courantes (passage du point 1 au point 2) : l'effet prix l'emporte d'abord sur l'effet volume. Puis le solde s'améliore lentement pour devenir positif après un certain temps. Un tel phénomène est connu sous le nom de « courbe en J » à cause de l'évolution du solde de la balance courante (graphique 4).

GRAPHIQUE 4. — LA COURBE EN « J »

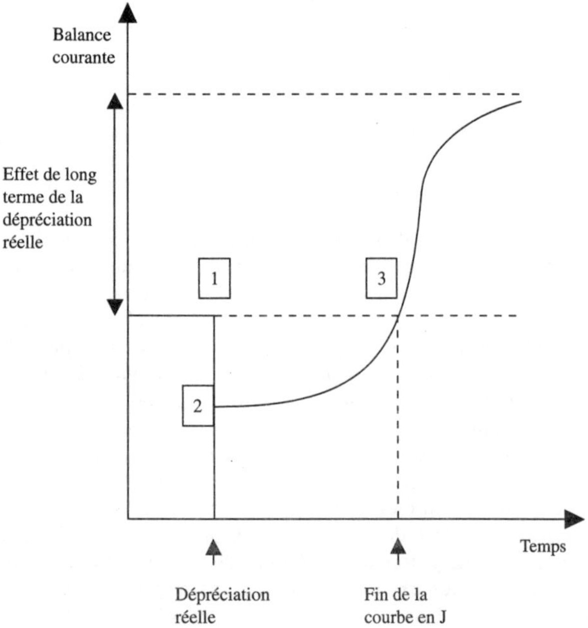

Source : Krugman et Obstfeld [2001].

Dès la dévaluation, les importateurs répercutent l'augmentation des prix (sauf à supposer un comportement de marge extrême). Puis l'effet volume (accroissement des exportations et réduction du volume des importations) entre en jeu (passage du point 2 au point 3 sur le graphique). Au point 3, le solde de la balance courante retrouve son niveau d'avant la dépréciation réelle. Ce n'est qu'au-delà de ce point que l'effet volume joue à plein et l'emporte sur l'effet prix. Empiriquement, le processus prend de six mois à un an dans les pays industrialisés.

Le tableau 10 présente des estimations des élasticités-prix des exportations et des importations de biens manufacturés. Bien que datés (1984), ces travaux confirment qu'en cas de dépréciation réelle du taux de change, le solde de la balance des transactions courantes commence par se détériorer (l'effet prix domine l'effet quantité), puis s'améliore lentement pour devenir positif après une année.

TABLEAU 10. — EXEMPLES D'ÉLASTICITÉS PRIX DES EXPORTATIONS ET DES IMPORTATIONS

	Impact sur les élasticités prix des exportations à			*Impact sur les élasticités prix des importations à*		
	6 mois	1 an	long terme	6 mois	1 an	long terme
Allemagne	nd	nd	– 1,41	0,57	0,77	0,77
Belgique	– 0,18	– 0,59	– 1,55	nd	nd	0,7
Canada	– 0,08	– 0,4	– 0,71	0,72	0,72	0,72
États Unis	– 0,18	– 0,48	– 1,67	nd	1,06	1,06
France	– 0,2	– 0,48	– 1,25	nd	0,49	0,6
Japon	– 0,59	– 1,01	– 1,61	0,16	0,72	0,97
Pays Bas	– 0,27	– 0,49	– 0,89	0,71	1,22	1,22
Royaume Uni	nd	nd	– 0,31	0,6	0,75	0,75
Suisse	– 0,28	– 0,42	– 0,73	0,25	0,25	0,25

Source : R. ARTUS et D. KNIGHT, « Issues in the assessment of the exchange rate of industrial countries », *Occasional Paper n° 29*, FMI, 1984, repris dans Krugman et Obstfeld [2001].

2. Les flux financiers : la balance des opérations financières

La balance des opérations financières peut se réduire à deux types de flux : les mouvements des capitaux de court terme et ceux de moyen et long terme. Ces derniers sont présentés ici, mais ne sont pas intégrés dans les analyses macroéconomiques courantes.

Les déterminants des flux de capitaux de court terme

La parité non couverte des taux d'intérêt (encadré p. 60) établit que les mouvements internationaux de capitaux sont exclusivement déterminés par la comparaison des *rendements attendus*

Parité des taux d'intérêt nominaux et aversion au risque

La parité des taux d'intérêt est une relation qui établit qu'à variation anticipée du taux de change nominal ($\dot{e}^a$) donnée, les rendements nominaux (les taux d'intérêt) des placements domestiques et étrangers doivent s'égaliser s'il n'existe aucune entrave à la mobilité internationale des capitaux. Cette condition suppose cependant que l'agent économique représentatif est *neutre au risque*, c'est-à-dire qu'il préfère toujours placer sa richesse à l'endroit où le rendement espéré est le plus élevé sans chercher à minimiser le risque de son portefeuille.

Cette condition peut être formalisée de la manière suivante : imaginons un agent résident, neutre au risque, et qui dispose d'une somme R à placer. S'il n'existe aucune restriction à l'entrée ou à la sortie des capitaux (dans ce cas, la mobilité internationale des capitaux est dite « parfaite »), l'individu a deux possibilités de placements :

— un placement dans son propre pays qui lui rapporte, au bout de n périodes et au taux d'intérêt r,

$$R(1+r)^n \qquad (18)$$

— un placement à l'étranger (toujours pendant n périodes) au taux d'intérêt r^*. Pour effectuer cette opération, il doit d'abord convertir sa richesse R en monnaie étrangère (on suppose que *les coûts de transaction sont nuls*). Il obtient ainsi (si une unité de monnaie nationale est égale à e unités de devises) $R.e$ unités de monnaie étrangère. À la fin de l'opération, le gain attendu (exprimé en monnaie nationale) de ce placement à l'étranger est :

$$R.e\frac{(1+r^*)^n}{e^a} \qquad (19)$$

où e^a est le taux de change anticipé de la monnaie nationale par rapport à la devise étrangère (on suppose que l'agent rapatrie les gains réalisés à l'étranger dans son pays d'origine à la fin de l'opération).

Ainsi, lorsqu'il évalue *a priori* le résultat de son placement à l'étranger, l'investisseur doit tenir compte du fait qu'il lui faudra convertir ses gains en monnaie nationale à l'issue de son placement. Comme le taux de change nominal futur n'est pas une variable connue au moment où il effectue la comparaison des deux stratégies, l'agent est bien obligé d'*anticiper* le taux de change. Pour un individu neutre au risque, la condition pour que ces deux placements soient *a priori* équivalents s'écrit :

$$(1+r)^n = \frac{e}{e^a}(1+r^*)^n \qquad (20)$$

Cette expression peut se réécrire de manière à faire apparaître le *taux de croissance du taux de change nominal anticipé* ($\dot{e}^a$) :

$$1+\dot{e}^a = \left[\frac{1+r^*}{1+r}\right]^n \text{ avec}$$

$$\dot{e}^a = \frac{e^a - e}{e} \qquad (21)$$

Soit, en simplifiant si les taux sont petits :

$$\dot{e}^a \approx n(r^* - r) \qquad (22)$$

L'équation (22) est une formalisation de la *parité non couverte des taux* d'intérêt. Il existe également, dans la littérature économique, une relation dite de « parité couverte des taux d'intérêt ». Cette dernière établit une relation entre le cours au comptant d'une monnaie et son cours « à terme ». La relation (22) s'interprète de la manière suivante : pour qu'un investisseur *neutre au risque* soit indifférent au fait de placer dans son propre pays ou à l'étranger, il faut que les rendements attendus des placements soient identiques à ses yeux. Le placement à l'étranger comporte une dimension supplémentaire : le taux de variation anticipé de la monnaie nationale par rapport à la monnaie étrangère ($\dot{e}^a$). Ainsi, *toutes choses égales par ailleurs*, si le rendement servi sur les actifs étrangers est supérieur à celui servi sur les actifs domestiques ($r^* > r$), les agents vont anticiper un *accroissement de la valeur de la monnaie nationale* (une appréciation de e) *par rapport à la monnaie étrangère*. Cela assure, en effet, l'égalité des rendements attendus des deux stratégies de placement.

La relation de parité non couverte des taux d'intérêt est une théorie du taux de change nominal en ce sens qu'elle explique les variations futures de ce dernier par le différentiel de taux d'intérêt. Si tous les agents sont identiques, elle implique que tout écart (entre les taux d'intérêt nominaux domestique et étranger) ne peut être que *transitoire* (à variation anticipée donnée du taux de change nominal). Ainsi, à court terme, si la rémunération des titres domestiques est supérieure à celle des titres étrangers, les capitaux étrangers entrent à l'intérieur du pays. En conséquence, il y a excès de fonds prêtables dans la nation (d'où une diminution du taux d'intérêt national) et excès de demande de fonds prêtables à l'étranger (d'où la hausse du taux d'intérêt étranger). Les deux plateaux de la balance se rééquilibrent donc automatiquement. Cette théorie a une seconde conséquence : dans la mesure où les rendements sont identiques et où les agents sont neutres au risque, *le portefeuille optimal (idéal) n'est pas constitué autour du principe de diversification des actifs*. Autrement dit, le portefeuille, dans cette optique, ne contient qu'un seul actif s'il n'existe aucune entrave à la libre circulation des capitaux. En effet, les rendements étant identiques, l'agent ne gagne rien à détenir des actifs différents.

Du point de vue empirique, le différentiel de taux d'intérêt se révèle un piètre indicateur des modifications à venir du taux de change courant probablement du fait de la faible pertinence de l'hypothèse de neutralité des agents vis-à-vis du risque.

---

des placements domestiques et étrangers. En cas de hausse de la rémunération des titres étrangers, les capitaux domestiques sortent du pays. Le même raisonnement s'applique à l'investisseur étranger : lorsque les titres domestiques sont mieux rémunérés, les capitaux entrent dans le pays.

À variation anticipée donnée du taux de change nominal, les flux de capitaux privés de court terme ne seraient donc déterminés que par la comparaison des rendements attendus des titres domestiques et étrangers. La relation de parité non couverte des taux d'intérêt a le mérite d'expliquer simplement les flux de court terme. Elle est contestable dans la mesure où elle s'appuie sur une hypothèse de neutralité des opérateurs vis-à-vis du risque.

Si l'investisseur éprouve de l'aversion vis-à-vis du risque, il va chercher la *diversification* de son portefeuille d'actifs, au travers de placements réalisés *à la fois* dans son propre pays et à l'étranger. Pour simplifier, et bien qu'étant préoccupé par ses gains éventuels, l'individu cherche également à minimiser le risque attaché à ses placements. Une bonne manière de minimiser le risque consiste à diversifier ses placements dans son portefeuille d'actifs. Cette stratégie élémentaire est bien résumée par le dicton populaire : « Il ne faut pas mettre tous ses œufs dans le même panier. » Or la théorie financière établit qu'il existe une très forte corrélation entre le rendement d'un placement et son risque : plus un placement est risqué et plus sa rémunération est élevée. Ainsi, pour réduire le risque global de son portefeuille, un épargnant peut choisir de placer une partie de sa richesse dans des actifs étrangers même si la rémunération qui lui est offerte est inférieure à celle des actifs domestiques.

Un tel comportement peut expliquer pourquoi un écart de rémunération peut subsister entre les actifs domestiques et étrangers. Il n'est nul besoin d'invoquer l'« imperfection de la mobilité internationale des capitaux », qui s'appuie sur l'idée qu'il existerait des obstacles réglementaires (un contrôle des changes, par exemple). L'écart entre les deux rendements peut s'expliquer par la présence d'une *prime de risque* qui reflète le caractère plus risqué des placements dans un pays par rapport à un autre.

La parité non couverte des taux d'intérêt présente donc les flux de capitaux à court terme comme relevant d'une pure logique spéculative. C'est à ce type de comportement que renvoie la fameuse « taxe Tobin » [Jégourel, 2002].

Les mouvements de capitaux privés de moyen et long terme

Les mouvements de capitaux de moyen et long terme obéissent à une logique distincte. Contrairement aux mouvements de court terme qui sont généralement volatils, les mouvements de long terme sont plus difficilement réversibles. Il ne s'agit plus de profiter, pendant quelques minutes, quelques heures ou quelques jours d'une opportunité de placement liée à un différentiel temporaire dans les rendements. Bien au contraire, ce type de mouvement relève souvent d'une logique d'investissement et renvoie donc aux comportements stratégiques des firmes. C'est dans cette optique qu'est réalisé un « investissement direct à l'étranger » (ou IDE, voir chapitre II). Mais pourquoi une firme veut-elle étendre son activité à l'extérieur du pays d'origine en ayant recours à cette stratégie ? On peut expliquer l'IDE par au moins quatre raisons.

• Il peut être difficile pour l'entreprise d'exporter si ses produits ne peuvent être vendus facilement sur les marchés des pays étrangers. Cela peut résulter des coûts de transports élevés ou de « barrières à l'entrée » tarifaires (taxe sur les importations) ou non tarifaires (quotas d'importations). Par exemple, des entreprises asiatiques ont effectué des investissements directs en Europe dans les années 1980 pour contourner les quotas européens d'importations d'automobiles ou de magnétoscopes. Il se peut aussi que les consommateurs aient une très forte préférence pour les produits nationaux. Dans ce cas, la stratégie consiste à acquérir une entreprise du pays pour s'implanter sur le marché. Le rachat de Nissan par Renault, à la fin des années 1990, relève de cette stratégie. Toutefois, le remplacement d'exportations par des IDE n'est pas toujours recherché, surtout s'il existe de fortes économies d'échelle dans le pays d'origine.

• L'entreprise peut également souhaiter « internaliser » certaines étapes de son activité. Si, par exemple, sa production dépend de façon cruciale de son approvisionnement en matières premières, il peut être intéressant de prendre le contrôle du fournisseur. On parle alors d'intégration verticale.

• La firme peut également souhaiter diversifier son activité et, dans ce but, acquérir des entreprises étrangères qui lui paraissent particulièrement intéressantes parce qu'elles jouissent d'une bonne réputation dans un certain secteur d'activité. Il s'agit, dans ce cas, d'une volonté d'intégration horizontale.

• Enfin, une entreprise peut chercher à bénéficier d'un coût de production plus avantageux. C'est le cas, par exemple, si le pays d'accueil dispose d'une main-d'œuvre abondante et moins onéreuse que dans le pays d'origine. Il s'agit alors d'externaliser certains coûts en ayant recours à la sous-traitance internationale. C'est ce type de stratégie qui gouverne la délocalisation des industries textiles dans certains pays en développement. Cela n'est pas sans poser un certain nombre de problèmes à la fois politiques et économiques : non-respect des normes de travail fondamentales (NTF), comme l'interdiction du travail des enfants ou la non-discrimination à l'embauche ; faiblesse des rémunérations locales (*dumping* social) ; problèmes de chômage et de concurrence « déloyale » dans les pays d'où sont issues les entreprises qui adoptent ce type de stratégie.

3. Les réserves officielles de change

Les réserves de change sont constituées de moyens de paiement internationaux (voir encadré p. 9) et constituent une fraction de l'actif de la banque centrale nationale. En effet, posséder des devises implique la détention d'une créance sur l'institution qui a émis la monnaie étrangère.

Lorsqu'un importateur de biens et services paye son fournisseur étranger, il doit le plus souvent le régler dans sa devise. Il doit donc convertir sa propre monnaie. Pour ce faire, il se tourne vers sa banque, qui, elle-même, fait appel à la banque centrale pour effectuer la transaction. De la même manière, un investisseur résident qui souhaite effectuer un placement à l'étranger doit généralement convertir sa propre monnaie dans la devise du pays où il va aller placer son épargne. Là encore, l'opération de conversion est, en définitive, assurée par la banque centrale. Il en résulte que les transactions de biens et services et les mouvements internationaux de capitaux donnent en général lieu à des achats et à des ventes de devises contre la monnaie nationale sur le marché des changes par la banque centrale. Bien évidemment, ces transactions occasionnent des variations des réserves. Ces interventions ont une grande importance dans un système de parités fixes.

4. L'équilibre économique de la balance des paiements

La balance des paiements est toujours équilibrée au sens comptable du terme (voir chapitre I). Formellement, si BC est le solde du compte courant, F le solde de la balance des opérations financières et ΔR la variation des réserves officielles de change, la balance des paiements est à l'équilibre car :

$$BC + F - \Delta R = 0 \qquad (23)$$

$$\text{ou encore } BC + F = \Delta R \qquad (24)$$

L'équilibre comptable résulte du fait que *le solde de la balance globale est égal aux variations des réserves officielles de change* (la balance globale regroupe ici la balance courante — réduite aux échanges de biens et services — et la balance des opérations financières privées). Son solde récapitule donc l'ensemble des transactions effectuées par les agents privés entre l'économie et le RDM. Ainsi, lorsque les agents résidents ont globalement davantage exporté de biens et de services qu'ils en ont importé et qu'il est entré plus de capitaux (privés) dans le pays qu'il n'en est sorti, les entrées de devises étrangères l'emportent sur les sorties et *la variation des réserves de change est positive*. Dans la situation inverse, les réserves officielles de change diminuent.

La notion d'équilibre économique de la BP

Au-delà de cet équilibre comptable, c'est la notion d'équilibre *économique* de la BP qui nous intéresse ici. Même si l'on utilise le terme d'équilibre de la balance des paiements, c'est en fait à l'équilibre de la *balance globale* (ou même seulement de la balance courante) que l'on fait référence dans l'analyse économique. Formellement, cet équilibre est atteint lorsque *la variation des réserves officielles de change est nulle*, c'est-à-dire lorsque le solde de la balance globale est nul :

$$BC + F = 0 \qquad (25)$$

Cette condition définit *l'équilibre sur le marché des changes*, c'est-à-dire la situation d'équilibre où l'offre et la demande de monnaie nationale contre devises étrangères sont égales. Ainsi, il apparaît que *le marché des changes est à l'équilibre lorsque la variation des réserves officielles est nulle*. Ce qui coïncide avec la notion d'équilibre de la balance globale (équation 25).

Il existe en théorie deux systèmes de change : dans le premier, les parités nominales sont fixes ; à l'opposé, le système de changes flexibles implique que les parités nominales varient au gré des modifications de l'offre ou de la demande de monnaie nationale sur le marché des changes (encadré p. 66).

La notion d'équilibre extérieur (c'est-à-dire d'équilibre de la balance globale) demeure identique quel que soit le système de change en vigueur. Mais on considère généralement que, dans le système « pur » de taux de change flexibles, les réserves officielles de change existent mais que leur variation est nulle. Cela signifie que la banque centrale n'intervient pas sur le marché des changes. Il est donc inutile qu'elle détienne des réserves en devises. Dans la réalité, cependant, il existe des systèmes dits « impurs » (*dirty float* en anglais) où la banque centrale se réserve la possibilité d'intervenir de manière discrétionnaire. Dans le régime de changes fixes, en revanche, les réserves officielles jouent un rôle considérable pour l'économie domestique

Taux de change flexibles et taux de change fixes

Le taux de change nominal se définit comme le prix d'une monnaie dans une autre monnaie. Par exemple, le 1er novembre 2001, le taux de change *nominal* de l'euro par rapport au dollar à Paris était de 1 euro = 0,9042 dollar.

L'analyse économique distingue principalement deux sortes de systèmes de change. Dans le premier, les taux de change peuvent fluctuer librement les uns par rapport aux autres. On parle alors d'un *système de changes flexibles* (ou flottants). On dit que le système est pur (ou propre) si les autorités monétaires s'interdisent toute intervention sur le marché des changes. Dans une telle configuration, *le taux de change nominal est déterminé librement par le jeu de l'offre et de la demande sur le marché des changes*. Lorsque la valeur d'une monnaie exprimée en monnaie étrangère diminue, on parle de « dépréciation ». Dans le cas contraire, la monnaie « s'apprécie ». En pratique, cependant, le système peut rarement être qualifié de « pur » dans la mesure où il existe des accords de coopération entre les banques centrales des pays les plus riches du monde pour limiter les fluctuations des monnaies les unes par rapport aux autres (accords de la Jamaïque, 1976 ; accords du Plazza, 1985...).

À l'opposé, on trouve le *système pur de changes fixes*, qui décrit un système où les parités nominales doivent demeurer constantes dans le temps. Une diminution ou une augmentation de la valeur de la monnaie nationale est toujours possible. Elle est, cependant, entièrement à la discrétion des autorités gouvernementales, qui peuvent décider de « dévaluer » ou de « réévaluer » la monnaie nationale. Nous verrons cependant par la suite que ce type de fixation du taux de change ne peut pas être décidé sans référence à un certain nombre de « fondamentaux » économiques sans quoi le marché peut remettre en cause cette parité. Se déclenchent alors des attaques spéculatives qui peuvent pousser un gouvernement à accepter une dévaluation (plus rarement une réévaluation) contre son gré. C'est ce qui s'est produit en 1997 en Thaïlande (dévaluation) et se produit en 2003 en Hongrie (réévaluation). Dans le régime de changes fixes, c'est à la banque centrale que revient la responsabilité d'assurer la fixité du taux de change nominal. Elle s'acquitte de cette tâche en fournissant, de manière théoriquement illimitée et au taux de change nominal officiel, les quantités de devises et de monnaie nationale demandées par les agents.

en ce sens que leur variation détermine en partie la quantité de monnaie domestique en circulation à l'intérieur du pays. Ce point sera largement développé dans le chapitre suivant.

Un équilibre global peut donc cacher des situations de déséquilibre de la balance courante et de la balance des opérations financières. En effet, le solde de la balance globale est égal à zéro si :

— chacun des deux soldes est nul ;

— le solde de la balance des transactions courantes est positif (la balance est excédentaire) tandis que la balance des opérations financières est en déficit (son solde est négatif). Le pays est alors exportateur net de biens et services et importateur net de capitaux ;

— enfin, le dernier cas correspond à la situation opposée : une balance des transactions courantes déficitaire et une balance des opérations financières excédentaire.

La première situation correspond à l'équilibre de long terme en termes de stocks. Une telle situation a des conséquences importantes en ce qui concerne l'efficacité de la politique économique menée dans un pays ouvert sur l'extérieur. Elle nécessite cependant d'abandonner l'approche en termes de flux que nous avons adoptée jusqu'à maintenant. C'est pourquoi nous la laissons de côté provisoirement. Nous y reviendrons dans le chapitre VI. Les deux autres cas correspondent à des situations de pays comme l'Allemagne ou le Japon pour la première et les États-Unis pour la seconde. Les développements suivants leur sont consacrés.

Excédent de la balance des transactions courantes et déficit de la balance des opérations financières

Un pays dont les biens et services apparaissent attractifs au RDM peut présenter une balance des transactions courantes généralement excédentaire. Une telle situation peut sembler enviable. S'il ne s'agit pas d'un effet mécanique lié à une réduction drastique des importations, un solde de la balance courante fréquemment positif peut refléter la qualité de la production nationale ou, tout au moins, la bonne réputation internationale dont elle jouit. En outre, cet excédent peut se révéler assez peu sensible à la variation du taux de change, particulièrement en cas d'appréciation de la valeur de la monnaie nationale. On dit alors que la demande internationale pour les produits domestiques est assez peu élastique au prix. Par exemple, la demande internationale de voitures ou de machines allemandes ne dépendait que relativement peu du cours du deutschemark.

Cependant, une telle structure rend le pays très dépendant de la conjoncture économique de ses partenaires, comme l'illustre le ralentissement de la croissance allemande en 2001. Ce phénomène a été en grande partie lié au tassement de la conjoncture américaine. La France a été à la fois moins rapidement et moins fortement touchée que l'Allemagne. La France n'exporte pas, en effet, le même type de produits que l'Allemagne. Elle est plutôt spécialisée dans la production de biens intermédiaires.

Une partie du revenu accumulé grâce à l'excédent commercial permet aux agents résidents d'acquérir des titres étrangers. Ces opérations de placement se traduisent par des sorties de capitaux du pays, c'est-à-dire par un déficit de la balance des opérations financières. À partir des années 1960, les économies allemande et japonaise ont durablement connu ce type de structure de leur balance globale. Pendant les années 1980 par exemple, ce sont essentiellement l'Allemagne et le Japon qui finançaient les États-Unis (à la fois le secteur privé et le déficit fédéral), alors fortement importateurs de capitaux. En ce qui concerne l'Allemagne, la réunification de 1989 a réduit les excédents commerciaux. En 2003, le déficit des États-Unis est largement financé par le Japon, mais aussi par la Chine (Hong Kong compris), qui accumule des excédents commerciaux considérables par rapport aux États-Unis.

Déficit de la balance courante et excédent de la balance des opérations financières

Lorsque la balance des transactions courantes en biens et services est durablement en déficit, l'économie doit *financer le déficit extérieur*. Elle y parvient en important des capitaux, c'est-à-dire en vendant continuellement des actifs financiers domestiques à l'extérieur du pays.

Dans la réalité, les choses peuvent être un peu plus compliquées, notamment à moyen et à long terme. En effet, un pays comme les États-Unis peut durablement et sans grand risque connaître une situation de déficit du compte courant. Mais les autres pays du monde n'ont pas cette faculté. C'est pourquoi certains économistes définissent l'équilibre « économique » de la balance des paiements comme étant l'*équilibre de la balance courante*. Cette approche est motivée par le fait qu'aucun pays, en dehors des États-Unis, n'a la capacité d'être durablement importateur net de capitaux en raison de problèmes liés à la soutenabilité de sa dette à long terme (voir chapitre III).

Sur le plan historique, l'analyse de la balance des paiements des États-Unis (EU) est importante, en raison du lien étroit avec le Système monétaire international (SMI) qui reposait, après 1944, sur le dollar (accords de Bretton Woods).

La situation des États-Unis est unique car les non-résidents (particuliers ou banques centrales) conservent volontiers les dollars américains. Ainsi, une partie du déficit extérieur des États-Unis est financée « automatiquement » par la remise de dollars à des non-résidents. Ces dollars sont placés aux États-Unis, ce qui constitue un prêt automatique et aussi une incitation à la création monétaire. Cette situation a été dénoncée très tôt (notamment en France par J. Rueff) et a donné lieu à quelques actes symboliques comme l'échange de dollars contre de l'or. Jusqu'en 1973, la convertibilité officielle du dollar à taux fixe mettait une limite théorique à cette possibilité. Depuis lors, il n'y a d'autre limite que la confiance des non-résidents dans le dollar (qui sert souvent de valeur refuge en cas de crise).

Les années d'après guerre ont vu croître le déficit de la balance des paiements, malgré des excédents commerciaux importants, mais décroissants. Le plan Marshall, les dépenses liées à la guerre froide (entretien des bases militaires à l'étranger, appuis aux régimes alliés), puis l'expansion des investissements directs des États-Unis à l'étranger (en Amérique latine et en Europe, notamment) ont creusé le déficit global. De plus, le relèvement des économies européennes et japonaise les a rendues plus concurrentielles : à partir de 1970, la balance commerciale des EU est devenue déficitaire. Tout cela a entraîné la détention par les non-résidents de montants en dollars bien supérieurs aux réserves en or. Ces dollars ont constitué progressivement la base d'un vaste marché financier non contrôlé : le marché des eurodollars. La situation au début des années 2000 est très différente. Les EU sont devenus importateurs de capitaux (allemands avant 1989, japonais et français), et leur balance courante demeure très négative (voir graphique 5), à l'exception de l'année 1991, en raison des transferts des alliés pour financer la guerre du Golfe. Ce déficit ne s'est pas répercuté sur la force du dollar, qui était surévalué au début de 2003.

La croissance du déficit des opérations courantes au début des années 2000 a été qualifiée de « concept dépourvu de signification » par Paul O'Neill, le secrétaire au Trésor des EU. Pour lui, ce déficit reflétait le désir des non-résidents de détenir des actifs libellés en dollars. Néanmoins, si ce désir se réduisait, les EU devraient faire face à un ajustement difficile, conduisant à une réduction de la demande interne ou du taux de change du dollar.

GRAPHIQUE 5. — ÉTATS-UNIS, ÉVOLUTION DU SOLDE DE LA BALANCE COURANTE (1981-2001, milliards de dollars)

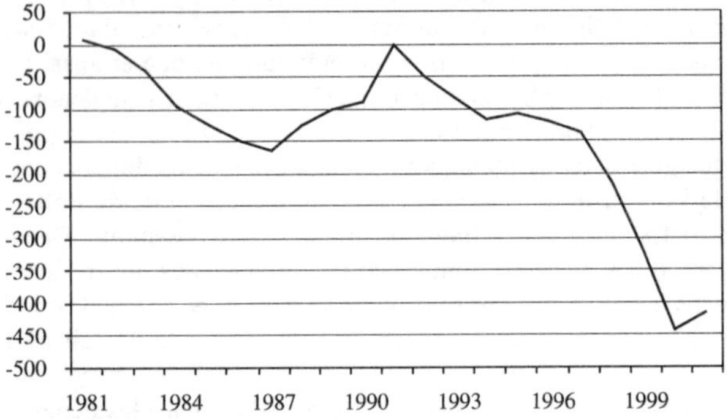

Source : FMI.

Le « concept sans signification » risquerait alors de se rappeler au bon souvenir des autorités des EU.

Tous les pays qui connaissent un déficit durable de leur balance courante ne sont pas dans la situation des États-Unis. C'est vrai pour la France, et nous verrons dans le chapitre suivant que la politique économique de rigueur mise en œuvre à partir de 1983 s'explique en partie par un déficit durable de la balance courante. C'est également vrai pour les pays en développement, qui peuvent avoir à faire face à un problème de soutenabilité de leur dette. Dans une telle situation, les entrées de capitaux privés se tarissent et le déséquilibre du compte courant n'est pas tenable sauf si l'aide internationale vient se substituer à ces dernières (le pays risque alors de se trouver dépendant).

V / Les processus de retour à l'équilibre de la balance des paiements

Il est possible que la balance globale (c'est-à-dire la balance des paiements au sens « économique » du terme) se trouve dans une situation de déséquilibre à la suite d'un choc. Des processus de rééquilibrage entrent alors en action, faisant de tout déséquilibre une situation *temporaire*. Ce chapitre présente ces mécanismes de retour à l'équilibre, différents en change flexible et en change fixe.

1. Lecture « par le haut » ou lecture « par le bas » ?

La notion d'équilibre étant définie (voir chapitre IV), la question se pose de la « lecture » de l'équilibre économique de la BP. Les transactions courantes déterminent-elles, en définitive, l'équilibre global, les flux de capitaux ne faisant que s'ajuster aux mouvements de biens et services ? Ou est-ce le contraire ? Répondre par l'affirmative à la première question, c'est adopter une lecture « par le haut » de l'équilibre. À l'inverse, il est possible de considérer que les mouvements internationaux de capitaux sont déterminants et que ce sont les mouvements de marchandises et de services qui s'ajustent pour assurer l'équilibre global. On parle alors de « lecture par le bas » de la BP.

La balance courante est le point de jonction de ces deux lectures concurrentes. Il est même possible d'en ajouter une troisième (voir chapitre II) ; le solde courant ne faisant alors que refléter le déséquilibre interne entre épargne et investissement [Knight et Scacciavillani, 1998].

Avant d'approfondir la question, nous présenterons une des approches les plus simples « par le bas » de l'équilibre de la balance des paiements, l'approche monétaire de la balance des paiements (AMBP). Cette approche constitue l'une des principales références théoriques du Fonds monétaire international (FMI).

2. L'approche monétaire de la balance des paiements (AMBP) et son utilisation par le FMI

La forme la plus réduite de l'AMBP correspond au « modèle de Polak » [Polak, 1957], du nom d'un directeur du service de recherche du FMI. Il s'agit d'un modèle dynamique extrêmement synthétique (encadré ci-contre).

Dans cette approche, le solde de la balance des paiements reflète les déséquilibres internes du marché de la monnaie. Il s'agit bien d'une lecture « par le bas » en ce sens que le solde de la balance courante ne fait que « refléter les comportements monétaires des agents » [Parent, 1996]. Un excès d'offre de monnaie interne (par rapport au stock de monnaie désiré par les agents et qui correspond donc à leur demande) doit être exporté. Cela se traduit par un déficit du compte courant puisque la monnaie en excédent est échangée contre des marchandises qui entrent à l'intérieur du pays (c'est-à-dire des importations). Les exportations et les flux de capitaux sont considérés comme exogènes, ainsi que l'offre de crédit intérieur, qui peut être fixée par les autorités monétaires (alors que la masse monétaire y est considérée comme une variable endogène). Le modèle permet de déterminer les valeurs successives du revenu national (Y), de la masse monétaire, des réserves de change et des importations.

Des versions de ce modèle plus sophistiquées ont été proposées mais, selon Polak [1997], le cœur de l'analyse est resté inchangé. En pratique, le modèle est utilisé au FMI pour déterminer *l'accroissement du crédit intérieur compatible avec un niveau de réserves extérieures et un taux de croissance du revenu national (exogène)*, ces deux variables constituant des objectifs. L'élaboration de projections suivant cette logique est désignée au FMI sous le nom de « programmation financière » et fait l'objet de publications pédagogiques [Institut du FMI, 1999]. En cas de crise de balance des paiements, le FMI détermine ainsi le *montant de crédit intérieur à ne pas dépasser*.

Le modèle de Polak

$$\Delta MO = k\Delta Y \quad (26)$$
$$M = mY \quad (27)$$
$$\Delta MO = \Delta R + CR \quad (28)$$
$$BC = X - M \quad (29)$$
$$\Delta R = BC + F \quad (30)$$

La première équation lie l'accroissement de la demande de monnaie *MO* à l'accroissement du revenu *Y* (par un lien fixe où *k* représente l'inverse de la vitesse de circulation de la monnaie). Dans la deuxième équation, les importations *M* sont liées au revenu par la propension marginale à importer (constante) *m*. La troisième équation traduit l'égalité entre la demande et l'offre de monnaie. Cette dernière varie lorsque les réserves de change (*R*) et le crédit intérieur (*CR*) se modifient. Cette équation est importante car la variation des réserves de change (ΔR) y apparaît comme un solde sur le marché de la monnaie. La quatrième équation définit le solde courant et la dernière est simplement l'équation d'équilibre de la balance des paiements (voir chapitre IV). Le résultat fondamental de l'AMBP est ainsi déterminé : *tout déséquilibre entre l'offre et la demande de monnaie se traduit par le déséquilibre de la balance globale.*

L'étude des finances publiques permet alors de préciser le partage du crédit intérieur entre crédit à l'État et crédit au secteur privé, et conduit très souvent à imposer des coupes dans les dépenses publiques.

L'AMBP est critiquable à bien des égards. Elle porte les traces de la situation de l'économie mondiale lors de son élaboration à la fin des années 1950. Ainsi, on n'y trouve pas de référence aux marchés de capitaux internes et externes ni au marché des changes (le taux de change y est supposé fixe). Cette théorie suppose en outre la constance de la vitesse de circulation de la monnaie ou, du moins, que ses variations sont prévisibles. Cette hypothèse semble raisonnable lorsque les économies croissent à peu près régulièrement. Mais elle devient très contestable lorsqu'elles sont soumises à des chocs importants ou à des programmes de réforme de grande ampleur, comme ce fut le cas avec les programmes d'ajustement structurel. La parité des pouvoirs d'achat est supposée vérifiée, ce qui implique que l'évolution de la masse monétaire n'a pas d'influence sur les prix ni sur le taux de change ; les prix et les salaires nominaux sont supposés être parfaitement flexibles. Bizarrement, le modèle ne tient pas compte non plus de l'impact de l'endettement ; il est pourtant difficile de préciser l'horizon temporel du retour à l'équilibre sans intégrer cette dimension.

Enfin, cette théorie conduit trop souvent à minorer l'impact des chocs réels (chocs sur les flux de biens et services), alors que ces derniers jouent un rôle considérable dans les pays en développement. C'est le cas, par exemple, des brusques variations des quantités produites ou des prix des matières premières.

Les critiques sur l'AMBP ne doivent cependant pas conduire à ignorer l'intérêt d'une lecture par le bas de la balance des paiements. Ainsi le solde de la balance courante peut-il être considéré comme le simple reflet des réallocations permanentes de portefeuille des agents résidents et non résidents. Cette manière de voir les choses s'est progressivement imposée au fur et à mesure que se réduisaient les obstacles à la mobilité internationale des capitaux. Elle est à l'origine de l'approche dite « en équilibre de stocks » de la balance des paiements (cette notion est présentée dans le chapitre VI). Dans ce type d'analyse, le solde du compte courant apparaît comme l'accroissement ou la diminution des actifs nets détenus par les résidents sur le RDM : *un déficit du compte courant s'explique alors par le faible intérêt des non-résidents pour les actifs du pays considéré, ou par l'attrait des placements à l'étranger pour les résidents.* Adopter ce type d'approche, c'est souligner le rôle des anticipations (et des brusques modifications de celles-ci) qui sont à l'origine de bien des crises. Nous reviendrons plus en détail sur cet aspect en précisant ce que sont les « crises de balance des paiements ».

Le choix du sens de lecture de la balance des paiements n'est pas neutre. Il conditionne l'importance relative donnée aux flux réels et aux mouvements monétaires et financiers.

3. L'impact du système de change sur les mécanismes de retour à l'équilibre de la BP

Partant d'une situation d'équilibre de la balance globale, une économie peut, consécutivement à un choc, se retrouver dans une situation temporaire de déséquilibre extérieur. Indépendamment de la nature du choc, sur laquelle nous revenons en détail dans le chapitre VI, cette situation provoque le déclenchement d'un certain nombre de mécanismes qui tendent à restaurer, à court terme, l'équilibre de la balance globale. Ces processus sont spécifiques à chacun des deux régimes de change.

Pour décrire les mécanismes de retour à l'équilibre, nous supposerons que 1) le solde de la balance des transactions courantes décroît avec le taux de change réel. En d'autres termes, la condition de Marshall-Lerner (encadré p. 56) est supposée vérifiée ; 2) les flux internationaux de capitaux ne dépendent que de l'écart dans les rendements attendus des titres domestiques et étrangers (parité non couverte des taux d'intérêt, voir encadré p. 60).

L'équilibrage en changes flexibles : le rôle des variations du taux de change

Du point de vue théorique, le mécanisme d'ajustement de la balance des paiements dans un environnement où les taux de change sont parfaitement flexibles est très simple. Tout déséquilibre temporaire de la balance des paiements se traduit par une variation instantanée du taux de change nominal qui rétablit l'équilibre de la balance globale.

On suppose généralement que la variation des réserves officielles de change est nulle dans le système « pur » de changes flexibles. Cela traduit l'idée que la banque centrale s'abstient de toute intervention discrétionnaire sur le marché des changes. La valeur de la monnaie nationale en devises se détermine donc librement sur ce marché grâce au jeu de l'offre et de la demande. En d'autres termes, lorsque le marché des changes est en équilibre, la balance des paiements l'est également. Formellement, cette condition s'écrit :

$$BC + F = 0 \quad (31)$$

Le solde de la balance courante *BC* croît avec le niveau du revenu étranger et décroît avec le niveau du revenu domestique et avec le niveau du taux de change réel. Quant au solde de la balance des opérations financières *F*, il évolue au gré du différentiel de rendements attendus entre les titres domestiques et étrangers.

Le processus de rééquilibrage de la balance globale (c'est-à-dire du marché des changes) fonctionne de la manière suivante. S'il existe une *demande excédentaire de monnaie nationale* sur le marché des changes (c'est-à-dire un excédent de la balance globale), cette situation se traduit par une *appréciation nominale immédiate* de la monnaie nationale sur le marché des changes (une hausse de *e*). À niveaux donnés des prix nationaux

(P) et des prix étrangers (P^*), cette appréciation nominale est également une appréciation réelle (une hausse de q). L'appréciation de la monnaie nationale provoque une *dégradation de la balance courante.* Les produits nationaux sont moins compétitifs (ils coûtent plus cher en termes de devises), ce qui réduit le flux d'exportations. En outre, les agents résidents sont incités à importer davantage de produits étrangers car le pouvoir d'achat de la monnaie nationale, en termes de monnaie étrangère, s'est accru. Il y a donc également un accroissement du flux des importations. Ainsi, l'appréciation nominale de la monnaie nationale permet, grâce à la dégradation du solde de la balance courante, d'éliminer directement la demande excédentaire de monnaie nationale sur le marché des changes. Cependant, la modification de la parité de la monnaie nationale sur le marché des changes peut également, mais de manière indirecte, engendrer des flux de capitaux entre la nation et l'étranger qui peuvent aussi contribuer à restaurer l'équilibre global.

Les flux financiers de court terme ne sont pas directement déterminés par l'évolution du taux de change nominal. En effet, c'est la *variation du taux de change nominal anticipé* ($\dot{e}^a$) qui, en affectant le rendement attendu des actifs étrangers, détermine (avec les taux d'intérêt respectifs de la nation et de l'étranger) les mouvements du capital entre un pays et l'extérieur. Mais la modification immédiate de la valeur nominale de la monnaie domestique sur le marché des changes peut modifier la manière dont les opérateurs financiers anticipent la valeur à venir de cette même variable. Tout dépend, en fait, de la manière dont ils perçoivent le choc qui, initialement, à rompu l'équilibre extérieur du pays.

Supposons que, à la suite d'un choc, le marché des changes se retrouve, comme dans l'exemple précédent, en excès de demande de monnaie nationale. Lorsque les taux de change sont flexibles, cette situation se traduit par une appréciation de la monnaie nationale. Supposons aussi que les investisseurs considèrent le choc comme *transitoire*. Dans ce cas, ils anticipent que dans un avenir plus ou moins proche un « contre-choc » va rétablir la situation originelle. On dit qu'il n'y a pas de phénomène d'« hystérèse », c'est-à-dire que le choc va finir par perdre toute influence dans un avenir plus ou moins proche. Les agents anticipent donc que l'appréciation nominale du taux de change n'est elle-même que transitoire. Ainsi, si la valeur nominale de la monnaie augmente aujourd'hui, les agents prévoient qu'elle va diminuer demain de telle manière que la monnaie domestique retrouve finalement la parité nominale antérieure au choc. Ainsi, si le choc est transitoire, l'appréciation nominale conduit à une dépréciation nominale ($\dot{e}^a < 0$) dans le futur.

Cette anticipation provoque une sortie de capitaux du pays. En effet, comme les opérateurs financiers pensent que la valeur de la monnaie nationale diminuera, ils préfèrent placer à l'étranger. Cela concourt à rétablir l'équilibre extérieur, en parallèle avec la dégradation du solde de la balance courante. En fin de compte, l'appréciation nominale de la monnaie nationale, dans un contexte de choc transitoire, affecte à la fois la balance courante et la balance des opérations financières.

À l'inverse, supposons à présent que le choc soit *permanent* et que les opérateurs financiers le sachent (nous éliminons, pour simplifier, toute erreur d'anticipation). Dans ce cas, la variation immédiate du taux de change nominal reflète le caractère permanent du choc. Comme les agents n'ont aucune raison de supposer l'existence d'un contre-choc qui ramènerait l'économie à sa situation initiale, le taux de change nominal s'ajuste immédiatement à la valeur compatible avec le choc, et la variation anticipée du taux de change est nulle ($\dot{e}^a = 0$). Dans ce contexte, la balance des opérations financières n'est pas affectée par la modification de la parité nominale de la monnaie nationale : le processus de rééquilibrage de la balance des paiements ne transite donc que par la balance courante.

Les mêmes mécanismes entrent en jeu en cas de déficit initial de la balance globale et rétablissent l'équilibre extérieur. *Ainsi, dans le système « pur » de taux de change flexibles, la seule variation du taux de change permet de corriger tout déséquilibre de la balance globale. Soit le mécanisme s'appuie uniquement sur la balance des transactions courantes (choc transitoire), soit la balance des opérations financières est également affectée à cause de la modification des anticipations de change des opérateurs financiers (choc permanent).*

L'équilibrage en changes fixes : le rôle des variations de la masse monétaire nationale

La réflexion des économistes a d'abord porté sur la situation de changes fixes dans le cadre du système d'étalon-or qui prévalait au XIXe siècle. Elle a débouché sur une théorie de l'équilibrage automatique de la balance des paiements. La réflexion contemporaine tient compte du comportement des autorités monétaires.

Les classiques et le rééquilibrage automatique des balances des paiements dans le régime d'étalon-or. — Les économistes classiques ont élaboré une théorie décrivant un mécanisme de rééquilibrage automatique de la balance des paiements *via* les flux internationaux de métaux précieux qui accompagnent les déséquilibres temporaires de la balance courante. Il s'agissait pour eux de prouver l'inanité des théories mercantilistes qui pensaient souhaitable (et possible) qu'un pays accumule durablement des réserves d'or. Dans *De la balance du commerce* (1752), Hume décrit le retour à l'équilibre de la balance des paiements par un mouvement de prix relatifs. Stuart Mill a formulé ce qui deviendra la théorie classique du rééquilibrage des balances des paiements.

Dans cette approche, un déficit de la balance courante se traduit par une sortie d'or du pays, c'est-à-dire par une variation négative des réserves en métaux précieux. Or la diminution des réserves officielles entraîne généralement une réduction de la masse monétaire en circulation dans le régime d'étalon-or. La sortie d'or provoque une pression à la baisse sur les prix nationaux et restaure la compétitivité de l'économie *via* la diminution du taux de change réel (q). Les exportations s'accroissent tandis que les importations diminuent (voir encadré p. 56). Ainsi serait assuré le retour automatique à l'équilibre de la balance courante. Ce mécanisme a été décrit dans un cadre qui tient compte du développement de la monnaie scripturale et fiduciaire. Dans ce contexte, le rééquilibrage n'est plus entièrement automatique. Il dépend des comportements des institutions qui créent de la monnaie ; des mécanismes de neutralisation (ou de « stérilisation ») deviennent possibles.

La stabilité relative des taux de change durant une large partie du XIXe siècle a fasciné un certain nombre d'économistes qui ont reformulé dans l'entre-deux-guerres la théorie du rééquilibrage automatique des balances des paiements dans le régime d'étalon-or. Cette reformulation a inspiré de nombreux projets de réforme du système monétaire international. Pourtant, cette approche semble largement mythique. Pour s'en convaincre, il suffit de considérer l'évolution de la balance des paiements du Royaume-Uni (RU) de 1816 à 1913 (comme le fait notamment Imlah [1958]). Pendant toute cette période, la balance courante du RU est restée excédentaire, alors que la balance commerciale était constamment déficitaire. L'excédent venait du fret, des assurances et des intérêts et dividendes rapatriés. Les fluctuations qui apparaissaient néanmoins furent corrigées par des mécanismes bien différents de ceux prévus par la théorie. Les manipulations du taux d'intérêt sur la place de Londres, qui était alors le marché financier international, permirent d'attirer les capitaux étrangers ou de les y retenir (« balances sterling »). De plus, l'asymétrie du commerce extérieur du RU (exportations de produits manufacturés, importations de matières premières) a vraisemblablement renforcé l'impact du taux d'intérêt : lorsque les taux d'intérêt augmentaient au RU, le coût de stockage des matières premières s'accroissait également, ce qui provoquait un déstockage de ces biens et, en conséquence, une chute des prix des matières premières importées par la GB, d'où un rééquilibrage de la balance commerciale.

L'approche contemporaine . — Le processus d'ajustement dans le système « pur » de parités fixes est plus complexe. Dans ce cas, toute variation de la parité nominale est *a priori* exclue par les opérateurs qui interviennent sur le marché des changes. Si tel n'est pas le cas, il existe un risque de « crise de balance des paiements ».

Dans un tel système, en effet, les variations de l'offre et de la demande sur le marché des changes impliquent des interventions de la banque centrale destinées à maintenir constante la parité nominale de la monnaie. Cela ne veut pas dire que cette dernière puisse fixer le taux de change nominal de manière arbitraire. La valeur de la monnaie nationale choisie par les autorités monétaires doit être, et surtout demeurer, compatible avec un certain nombre de « fondamentaux » (taux de croissance du PIB, taux de chômage, état de la balance courante...) de l'économie. Ainsi, lorsque la conjoncture domestique est durablement mauvaise, les opérateurs qui interviennent sur le marché des changes peuvent considérer que la monnaie est surévaluée, parce qu'ils anticipent une diminution du taux d'intérêt national destinée à soutenir l'activité. Dans ce contexte, si la banque centrale ne dévalue pas, des attaques spéculatives sont susceptibles de se déclencher à l'image des attaques répétées contre le franc français au cours des années 1980 ou 1990 ou, plus récemment, contre les monnaies argentine et brésilienne.

Supposons, pour simplifier, que les autorités aient déterminé une parité compatible, au moins à court terme, avec les fondamentaux de l'économie. Cette hypothèse implique que la variation anticipée du taux de change nominal est nulle ($\dot{e}^a = 0$) ou, en d'autres termes, que les agents ont confiance dans le maintien de la parité nominale actuelle. Dans ce contexte, les mouvements internationaux de capitaux de court terme ne sont déterminés que par le différentiel de taux d'intérêt entre la nation et l'étranger.

Le choix de la parité nominale oblige la banque centrale à intervenir sur le marché des changes pour défendre la fixité du taux de change. S'il existe un excès de demande de monnaie domestique sur le marché des changes, cette dernière risque, en l'absence d'intervention, de s'apprécier. La banque centrale intervient alors en vendant la monnaie nationale et en achetant des devises. Cela peut éliminer la pression à la hausse sur la valeur de la monnaie domestique. Inversement, lorsqu'il y a un risque de dépréciation, la banque centrale soutient le cours de la monnaie domestique en vendant des devises. Il apparaît donc que, contrairement à ce qui se produit en changes flexibles, il est impossible de considérer que les variations des réserves officielles de change sont nulles. Ces variations résultent en partie des interventions de la banque centrale sur le marché des changes. Dans le chapitre précédent, il a été montré que l'équilibre économique de la balance des paiements est atteint lorsque la variation des réserves de change est nulle. Cela correspond à une situation où il n'y a aucun risque d'appréciation ou de dépréciation nominale de la monnaie domestique. Dans ce cas, le banquier central peut, provisoirement, « dormir sur ses deux oreilles ».

Supposons que la balance globale soit en excédent à la suite d'un choc. Comme l'établit la définition de l'équilibre de la balance des paiements (équation (24)), un excédent de la balance globale est associé à une augmentation des réserves officielles de change (ΔR) (enregistrée comme un variation négative, voir chapitre I). Cette opération conduit à une modification de l'offre de monnaie domestique, en l'absence de politique dite « de stérilisation des variations des réserves officielles de change ». Ce phénomène constitue le processus de rééquilibrage de la balance des paiements dans un système « pur » de changes fixes.

• *La variation des réserves officielles de change induit celle de l'offre de monnaie domestique.* En simplifiant, on peut supposer que c'est la banque centrale qui détermine l'offre de monnaie domestique. Ce processus peut être mis en évidence par la lecture du bilan simplifié de la banque centrale, tel qu'il est présenté dans le tableau 11.

TABLEAU 11. — BILAN SIMPLIFIÉ DE LA BANQUE CENTRALE

Actif	*Passif*
Réserves en or (R_O) Réserves en devises (R_D) Actifs extérieurs (titres) (A_E) Actifs intérieurs : (A_I) — Créances sur l'État (C_{ET}) — Créances sur les banques (C_{BP}) (refinancement)	Monnaie en circulation (M_S) Réserves des banques (D_{BP}) (réserves obligatoires + dépôts)

L'actif de la banque centrale est constitué de trois postes : les réserves en or et en devises ($R_O + R_D$), les actifs extérieurs (A_E) et les actifs intérieurs (A_I). Les deux premiers postes forment les réserves internationales (ou réserves officielles) de la banque centrale (voir encadré p. 9). Quant aux actifs intérieurs, ils sont principalement de deux types : des créances sur l'État (des bons du Trésor ou un découvert accordé à l'État), notées ici C_{ET}, et des prêts consentis aux institutions financières de second rang au titre du refinancement (C_{BP}).

Le passif simplifié de la banque centrale est constitué des réserves des banques privées auprès de la banque centrale (D_{BP}) et de la monnaie fiduciaire (pièces et billets) en circulation (M_S). Les réserves des banques de second rang sont de deux types : des réserves « obligatoires » et des réserves « libres » (dépôts rémunérés auprès de la banque centrale). Les réserves obligatoires et la monnaie en circulation constituent la « base monétaire ». Les réserves en or et en devises et les avoirs extérieurs et intérieurs constituent la contrepartie de cette base.

Le tableau 12 présente, à titre d'exemple, le bilan de la Banque centrale européenne (BCE).

Pour comprendre le lien entre la modification d'un des postes de l'actif et la quantité de monnaie domestique en circulation dans le pays, imaginons que la banque centrale acquière un titre financier domestique sur le marché et accroisse ainsi son stock

TABLEAU 12. — SITUATION FINANCIÈRE CONSOLIDÉE DE L'EUROSYSTÈME [1] AU 28 FÉVRIER 2003
(en millions d'euros)

Actif		*Passif*	
Avoirs et créances en or	130 314	*Billets en circulation*	345 414
Créances en devises	245 680	*Engagements envers les établissements de crédit de la zone euro*	125 405
sur les non-résidents de la zone euro	228 349	*Autres engagements envers les établissements de crédits de la zone euro*	62
sur les résidents de la zone euro	17 331	*Certificats de dettes émis*	2 029
Actifs extérieurs en euros	5 926	*Engagements envers des résidents de la zone euro*	71 171
Actifs intérieurs	301 577	en euros	70 147
Dont :		en devises	1 024
créances sur les administrations publiques	44 355	*Engagements envers des non-résidents de la zone euro*	22 758
titres en euros émis par les résidents	33 484	en euros	8 704
concours aux établissements de crédit	223 186	en devises	14 054
autres actifs sur établissements de crédit	552	*Contrepartie des DTS du FMI*	6 339
Autres actifs	107 151	*Autres passifs*	70 187
		Compte de réévaluation	82 840
		Capital et réserves	64 444
Total	790 649	*Total*	790 649

Source : *Bulletin mensuel de la BCE*, mars 2003.

d'actifs intérieurs. Cette opération se traduit donc par une augmentation de l'offre de monnaie. C'est ce que l'on nomme une politique d'*open-market. La variation des réserves officielles de change (situées elles aussi à l'actif de la banque centrale) implique, lorsque les autres postes de l'actif demeurent*

1. L'Eurosystème est le système monétaire constitué par les pays qui forment l'UEM.

constants (tout comme les réserves des banques de second rang), une variation proportionnelle de l'offre de monnaie domestique et c'est cette dernière qui permet le retour à l'équilibre de la balance globale, donc du marché des changes.

• *La variation de la masse monétaire domestique permet le retour à l'équilibre de la balance globale.* Un déséquilibre de la balance globale correspond à une variation de même sens des réserves officielles de change. Cette variation conduit, à son tour, à une modification de même sens de l'offre de monnaie en l'absence de politique de « stérilisation ». Or cette variation de l'offre de monnaie crée un déséquilibre sur le marché de la monnaie domestique. En effet, la demande de monnaie des agents résidents ne dépend pas de l'évolution du solde de la balance globale.

Dans la théorie économique, la demande d'encaisses (ou demande de monnaie) qui émane des agents résidents est une fonction croissante du revenu national (PIB) et du niveau général des prix domestiques et une fonction décroissante du taux d'intérêt. Le premier effet renvoie à la demande d'encaisses pour un motif de *transactions* (plus le PIB est élevé et plus les résidents ont besoin de monnaie pour réaliser leurs transactions). L'impact positif de l'accroissement du niveau général des prix sur la demande d'encaisses est uniquement lié au désir des agents de conserver leur capacité de transaction. En effet, le pouvoir d'achat de la monnaie détenue par les agents se réduit lorsque les prix augmentent. En conséquence, ces derniers sont incités à demander davantage d'encaisses nominales pour compenser la perte de pouvoir d'achat due à l'inflation. Cela n'est cependant pas toujours vrai. Si l'inflation est importante et durable, les résidents peuvent perdre confiance dans la monnaie nationale. On assiste alors à un rejet de la monnaie nationale au bénéfice d'une devise étrangère. Dans la réalité, le dollar joue souvent le rôle de devise refuge. On parle alors de « dollarisation de l'économie ». Enfin, le troisième effet fait référence à la demande d'encaisses pour un motif de *spéculation* (plus le taux d'intérêt est élevé, et plus les agents sont incités à réallouer leur portefeuille au détriment de la monnaie — dont la détention, par hypothèse, n'est pas rémunérée — et au bénéfice des actifs financiers).

Tout cela implique qu'une balance globale en excédent se traduit par un excès d'offre sur le marché domestique de la monnaie (tandis qu'un déficit conduit à un excès de demande d'encaisses). Dans le cas d'un excès d'offre de monnaie, l'équilibre sur le marché domestique des encaisses peut être rétabli par une augmentation du revenu national et/ou du niveau général des prix, et/ou une diminution du taux d'intérêt domestique, car ces trois effets concourent à augmenter la demande d'encaisses.

Cependant, ces variations qui permettent le rétablissement de l'équilibre sur le marché domestique de la monnaie ont également un impact sur le solde de la balance globale. Ainsi, l'accroissement du revenu et/ou des prix domestiques dégrade le solde de la balance courante : l'augmentation du revenu accroît les importations tandis que la hausse des prix dégrade la compétitivité des produits nationaux et réduit donc les exportations tout en accroissant les importations. Quant à la baisse du taux d'intérêt domestique, elle se traduit par des sorties de capitaux du pays (qui sont d'autant plus importantes que la mobilité internationale du capital est grande et que les résidents ne sont pas trop « allergiques » au risque). En fin de compte, l'augmentation de la masse monétaire domestique permet donc de rétablir l'équilibre de la balance globale grâce aux conséquences qu'un tel phénomène peut avoir sur la balance courante et sur la balance des opérations financières.

Globalement, la variation de l'offre de monnaie domestique consécutive au déséquilibre de la balance globale enclenche un processus de retour à l'équilibre du marché de la monnaie domestique, qui lui-même induit le retour à l'équilibre de la balance globale. *Ce processus d'ajustement, qui permet d'assurer la fixité de la valeur nominale de la monnaie nationale sur le marché des changes, a une conséquence majeure : la masse monétaire nationale devient, à long terme, une variable endogène, c'est-à-dire une grandeur sur laquelle les autorités n'ont plus de contrôle parce que ses variations sont entièrement déterminées par l'évolution du solde de la balance globale.*

Cette caractéristique du système de parités fixes peut se révéler gênante pour les autorités gouvernementales. Par exemple, lorsque la balance globale est en déficit, la diminution de la masse monétaire domestique provoque, entre autres choses, un accroissement du taux d'intérêt. Une telle variation peut avoir des conséquences négatives sur la consommation et l'investissement dans le pays. C'est pourquoi une banque centrale peut être tentée, *à court terme*, d'agir pour « annuler » la variation de la masse monétaire consécutive au rééquilibrage extérieur. Elle pratique alors une politique dite de « stérilisation ».

• *La tentation de « stérilisation » des variations des réserves officielles de change.* Les banques centrales exécutent parfois des opérations en sens inverse sur les postes « Avoirs extérieurs » et/ou « Avoirs intérieurs » à l'actif de leur bilan pour contrebalancer l'impact des variations des réserves en devises sur l'offre de monnaie domestique. Mais ce type de comportement ne peut pas s'inscrire dans la durée.

Un excédent temporaire de la balance globale implique une augmentation des réserves officielles de change et donc un accroissement de l'offre de monnaie domestique. Un tel ajustement peut sembler peu opportun aux autorités monétaires car il peut entraîner une augmentation de l'inflation dans un futur plus ou moins proche. Pour réduire ce risque, la banque centrale peut décider de *stériliser* la variation de ses réserves de change. Le principe en est simple : compenser la hausse des réserves de change par la baisse d'un autre poste de l'actif de manière à éviter toute modification du passif, donc de la masse monétaire domestique. Dans ce but, la banque centrale peut diminuer ses créances sur l'État (en vendant des bons du Trésor) ou accorder moins de refinancement aux banques de second rang. En conséquence, la diminution de la masse monétaire peut être évitée, du moins à court terme.

Cependant, une telle politique est difficilement tenable à moyen et long terme : *elle revient à empêcher le processus de retour à l'équilibre du marché des changes et donc de la balance globale.* Un tel comportement peut avoir de graves conséquences.

Dans l'exemple précédent, il y a un excédent de la balance globale, c'est-à-dire une augmentation des réserves officielles, consécutivement au choc. La banque centrale ne peut pas indéfiniment neutraliser cette dernière. Cela impliquerait qu'elle réduise d'un montant équivalent l'encours de bons du Trésor qu'elle détient ou le refinancement des banques de second rang. En poussant cette logique jusqu'à son terme, ce type de comportement doit nécessairement cesser lorsque le montant de ces deux postes devient nul ! Mais imaginons maintenant la situation opposée, à savoir un déficit de la balance globale qui conduit à la diminution des réserves de change tant que l'équilibre extérieur, pour la valeur donnée du taux de change nominal, n'est pas rétabli. Si la banque centrale refuse la nécessaire baisse de la masse monétaire domestique, à taux de change donné, alors il y a un risque que les réserves officielles deviennent nulles et donc que la banque centrale soit dans l'impossibilité d'intervenir sur le marché des changes. La banque centrale peut se voir alors contrainte de dévaluer la monnaie nationale.

En effet, dans tout ce qui précède, les agents sont supposés avoir confiance dans le système de change. Ils pensent que la parité nominale actuelle sera maintenue pour toujours ($\dot{e}^a = 0$). Mais si les opérateurs s'aperçoivent de l'épuisement des réserves officielles ou si, d'une manière générale, ils se mettent à considérer que le taux de change nominal fixé par la banque centrale n'est pas à sa « bonne » valeur, ils peuvent se mettre à croire à une modification imminente des taux de change. On parle alors de « crise de la balance des paiements ».

• *Le risque de crise de la balance des paiements*. Il s'agit donc d'un contexte dans lequel les agents révisent leur croyance en ce qui concerne la valeur nominale future du taux de change de la monnaie domestique. Cette anticipation peut déclencher des *sorties massives de capitaux privés du pays*. Les agents résidents se débarrassent de leur propre monnaie au profit de devises qui vont leur permettre de placer à l'étranger. Évidemment, ce type de comportement embarrasse encore plus la banque centrale car il se traduit par une diminution encore plus grande des réserves officielles.

Toutes les crises de balance des paiements ne trouvent pas leur origine dans la dégradation de la situation économique nationale. Il est possible que l'économie connaisse ce type de problème alors même que ses fondamentaux ne sont pas mauvais. Mais l'anticipation de la crise va conduire à une fuite des capitaux qui provoquera la crise anticipée. On parle alors d'« anticipations autoréalisatrices ». C'est l'un des déterminants de la crise financière majeure qui a touché l'Asie en 1997 (encadré ci-contre).

Le sentiment d'une dévaluation inéluctable peut également être à l'origine de la création d'un marché des changes parallèle. Plutôt que de s'adresser à la banque centrale qui ne peut plus assurer sa mission de conversion, les agents constituent alors un marché des changes non officiel où le cours de la monnaie domestique est inférieur au cours officiel. Ce cours

Un exemple de crise de balance des paiements : la Thaïlande et la crise financière du Sud-Est asiatique (1997)

La crise de 1997 dans les pays d'Asie (Corée du Sud, Thaïlande, Indonésie, Malaisie et Philippines) est marquée par un brusque reflux des capitaux étrangers. Ces derniers s'étaient massivement investis dans ces pays durant les années précédentes. La sortie des capitaux a conduit à une dévaluation forcée des monnaies asiatiques, jusqu'alors liées au dollar par des parités fixes. Il en est résulté une forte augmentation des prix des produits importés, déplaçant la crise de la sphère financière à la sphère réelle.

La crise a débuté en Thaïlande avec la dévaluation de 15 % du baht par rapport au dollar (2 juillet 1997). Elle s'est ensuite répandue car les investisseurs ont considéré que des pays comme la Malaisie ou la Corée du Sud, par exemple, souffraient des mêmes maux que la Thaïlande et, en particulier, du ralentissement de la conjoncture japonaise. Le graphique 6 montre qu'entre 1975 et 1997 la balance commerciale thaïe est restée constamment négative (sauf en 1986), de même que la balance courante. Lors de la crise de 1997, la récession consécutive à la dévaluation a fait rapidement chuter les importations, ce qui permit de dégager dès 1998 un excédent considérable (13 milliards de dollars environ). En 1999, la reprise s'est traduite par une croissance des importations. Malgré la forte dépréciation réelle du baht, les exportations ont stagné, et même reculé en 1998 car une partie importante des exportations thaïes se dirige vers d'autres pays asiatiques, eux aussi en crise.

GRAPHIQUE 6. — THAÏLANDE : EXPORTATIONS, IMPORTATIONS ET BALANCE COURANTE
(milliards de dollars)

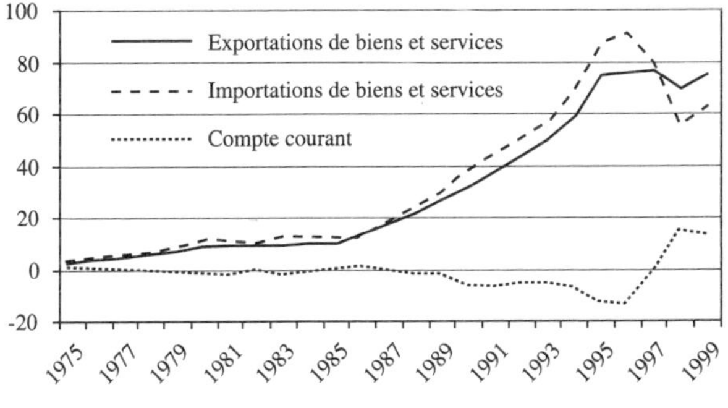

Source : Banque mondiale, *Global Development Finance.*

Le graphique 7 retrace les opérations financières avec l'extérieur. La Thaïlande a importé des capitaux sous diverses formes. À partir de 1989, elle a réussi à attirer des montants élevés d'investissements directs ; après 1990, les emprunts privés (non garantis par l'État) se multiplièrent. L'impact de ces entrées de capitaux a été favorable à la croissance, mais a eu aussi quelques effets indésirables, comme l'alimentation d'une bulle spéculative dans le domaine de l'immobilier. Cela a conduit les autorités à taxer les capitaux entrants, sans chercher, cependant, à enrayer le phénomène. L'origine directe de la crise apparaît dans ce graphique : après avoir dépassé 8 milliards de dollars en 1996, les emprunts privés nets non garantis par l'État sont devenus négatifs en 1997 (les remboursements en capital et les reventes d'obligations deviennent supérieurs aux nouveaux prêts et aux achats d'obligations), entraînant la chute des réserves de change et contraignant les autorités monétaires à abandonner la parité fixe avec le dollar, après avoir mené une désastreuse politique dilatoire [Sgard, 2002]. La première dévaluation de juillet 1997 renforça les croyances des opérateurs financiers dans le caractère inéluctable d'une future dévaluation massive du baht. La spéculation repartit de plus belle et le taux de change du baht s'effondra rapidement. Pour éviter l'effondrement du système bancaire, qui avait massivement emprunté à court terme en dollars et prêté à moyen terme en bahts, l'État emprunta alors fortement auprès des organismes publics (emprunts publics/publics sur le graphique 7 contractés auprès du FMI, de la Banque mondiale et la Banque asiatique de développement), mais aussi sur les marchés (emprunts publics/privés sur le graphique 7). En revanche, les investissements directs étrangers progressèrent rapidement en 1998, profitant du fait que les actifs thaïlandais étaient devenus très bon marché en devises étrangères.

GRAPHIQUE 7. — THAÏLANDE : OPÉRATIONS FINANCIÈRES (NETTES) AVEC L'EXTÉRIEUR
(milliards de dollars)

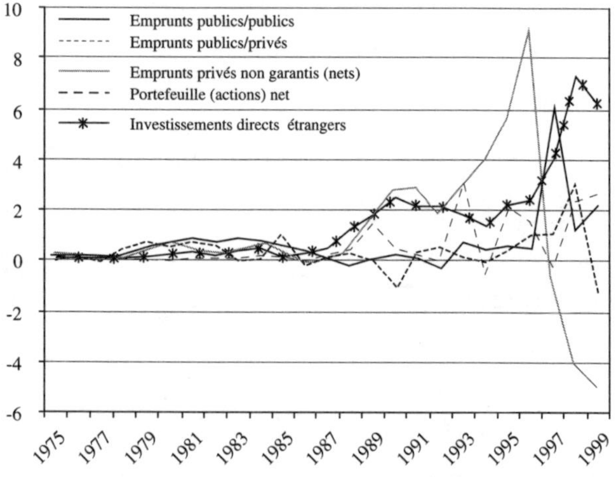

Source : Banque mondiale, *Global Development Finance 2001.*

Cette crise se traduisit par la croissance de la dette extérieure (graphique 8). On peut aussi lire sur le graphique 8 la croissance des réserves en devises entre 1985 et 1995, phénomène remarquable puisqu'il coexiste avec le déficit courant déjà mentionné.

GRAPHIQUE 8. — THAÏLANDE : DETTE EXTÉRIEURE ET RÉSERVES
(en % des exportations et des importations, respectivement)

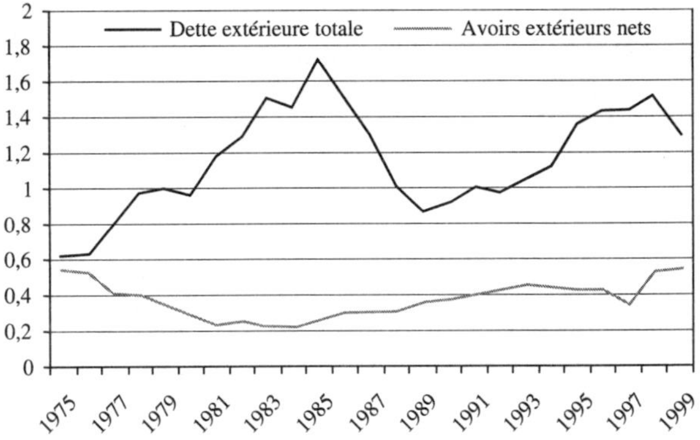

Source : Banque mondiale, *Global Development Finance 2001*.

La fuite massive des capitaux est bien à l'origine de la crise asiatique de 1997. Mais cette fuite n'explique, à elle seule, ni l'origine ni la profondeur de la crise. Certains analystes comme P. Krugman ou J. Sachs mettent également en avant l'inefficacité de la réglementation bancaire qui permit aux banquiers locaux de prendre trop de risques. Stiglitz [2002] souligne la responsabilité du FMI qui imposa un programme de libéralisation financière et la libéralisation des mouvements de capitaux, entraînant ainsi l'entrée massive de capitaux étrangers à l'origine de la bulle spéculative.

parallèle est libre en ce sens qu'il évolue au gré des fluctuations de l'offre et de la demande résiduelles (qui ne passent pas par les circuits officiels). Une telle situation s'est produite en URSS, au Nigeria ou au Zaïre par exemple.

VI / Balance des paiements, politiques économiques et chocs externes

Les déséquilibres de la balance globale sont engendrés par des « chocs ». Si ces derniers sont « exogènes » ils sont principalement de deux types :

— les chocs « purement » exogènes. Les aléas climatiques (sécheresse, inondations ou, au contraire, conditions climatiques anormalement favorables) peuvent, par exemple, fortement handicaper (ou, au contraire, favoriser) la production à court terme et donc les exportations ; ils peuvent ainsi dégrader (ou améliorer) de façon exceptionnelle le solde de la balance globale ;

— les chocs exogènes en ce sens qu'ils ne relèvent pas de la situation ou des choix de politique économique du pays, mais de ceux des pays partenaires. Ainsi, lorsque la conjoncture économique des partenaires commerciaux se dégrade, cela peut réduire les exportations nationales ; de même, une amélioration du rendement attendu des titres étrangers provoque des sorties de capitaux.

Les chocs qui affectent la balance globale peuvent aussi être « endogènes » en ce sens qu'ils résultent du choix de la politique économique nationale. On est alors dans une situation où un objectif interne (par exemple, la diminution du taux de chômage) peut éventuellement provoquer un tel déséquilibre de la balance globale que le pays n'a pas d'autre choix que d'abandonner la politique en question. La théorie macroéconomique enseigne qu'il existe un certain nombre de règles concernant la conduite de la politique économique dans une économie ouverte soumise au respect de l'équilibre extérieur, c'est-à-dire à l'équilibre de la balance globale. L'analyse théorique développée ici s'appuie largement sur le modèle développé par Mundell et

Fleming au début des années 1960. Bien que nécessairement imparfaite, cette approche a le mérite d'être relativement simple. Elle permet de présenter les effets des politiques économiques à court terme. Cependant, les effets de ces politiques doivent, le plus souvent, être nuancés lorsqu'on raisonne à plus long terme. C'est pourquoi nous donnons parfois quelques indications sur les résultats de telle ou telle politique lorsqu'on raisonne sur un horizon de temps plus lointain.

La fin du chapitre est consacrée à une présentation détaillée des politiques économiques menées en France du début des années 1980 jusqu'en janvier 1999 (date de la mise en œuvre de l'UEM). Il s'agit d'illustrer concrètement comment le respect des contraintes extérieures peut forcer les autorités gouvernementales à infléchir la politique économique nationale.

1. Un cadre d'analyse : le modèle de Mundell-Fleming

Nous présenterons les effets des politiques économiques et des chocs externes subis par un *petit pays*. Cette hypothèse usuelle a le mérite de simplifier l'analyse. Évidemment, elle s'applique difficilement dans le cas des États-Unis ou de l'UEM. On peut lever cette hypothèse en mettant en regard deux grands pays qui ont chacun la faculté de s'influencer mutuellement. L'analyse est plus riche, mais bien plus complexe. Le lecteur intéressé par cette question peut se reporter à Béraud [1999] ou à Krugman et Obstfeld [2001].

Le cadre retenu dans ce chapitre est celui du modèle keynésien de court terme *à prix et salaires nominaux fixes*, ou modèle de « Mundell-Fleming ». Ce type d'approche est fréquemment utilisé pour décrire le fonctionnement d'une économie à court terme. Il s'agit d'une démarche de « statique comparative » qui ne vise pas à expliquer le passage (ou la « dynamique ») d'un équilibre à un autre en faisant intervenir une dimension temporelle. Ainsi, la décomposition des effets de tel ou tel choc ne doit être considérée ici que dans une perspective pédagogique.

Un modèle de type keynésien

Le modèle de Mundell-Fleming permet de décrire assez simplement les effets d'une politique économique dans le contexte d'un petit pays ouvert sur l'extérieur. Ce modèle s'appuie en partie sur les idées de John Maynard Keynes : on suppose qu'il existe un chômage « involontaire ». Ainsi, une partie de la main-d'œuvre est sans emploi à cause de l'insuffisance de la demande globale et non pas parce que certains refusent de travailler au taux de salaire en vigueur. Cette hypothèse débouche sur l'idée que c'est la demande qui détermine le niveau de production (l'économie, par hypothèse, est toujours capable de produire ce qui est demandé). En outre, on suppose que le salaire nominal (ou monétaire) et le niveau général des prix sont constants à court terme. Cette double hypothèse de rigidité peut paraître *a priori* surprenante sur le plan théorique, mais elle traduit ce que l'on observe généralement. La rigidité des salaires s'explique par la présence de contrats de travail qui fixent, au moins pour un temps, la rémunération nominale des salariés. La rigidité des prix résulte de divers facteurs : incertitude du producteur sur les effets d'une variation de prix sur son chiffre d'affaires, mécanismes liés à un environnement de « concurrence imparfaite » (qui, en autorisant le producteur à pratiquer un prix supérieur au coût marginal, lui permettent de satisfaire une demande supplémentaire sans augmentation de prix), coûts d'ajustement (appelés également coûts de révision du catalogue), etc.

Dans ces conditions, le nouvel équilibre de l'économie qui s'établit après un choc s'appuie sur la variation des quantités et non sur les ajustements par les prix.

L'économie décrite ici est constituée de quatre marchés : marché des biens, marché de la monnaie, marché du travail et marché des changes. Chacun de ces marchés est étroitement lié aux trois autres, ce qui caractérise une approche macroéconomique où les chocs affectant directement tel ou tel marché ont des conséquences sur les autres. Avant de présenter l'impact de certains chocs sur une petite économie ouverte, nous présenterons les notions d'équilibre sur chacun de ces marchés.

Marché des biens et marché du travail. — Sur le marché des biens, l'équilibre est une situation où la production domestique est égale à la demande effective. Cette dernière est constituée de la demande domestique pour les produits nationaux (consommation des ménages, investissement privé et dépenses gouvernementales exogènes) et de la demande étrangère nette pour les produits domestiques (solde de la balance commerciale).

La *consommation des ménages* croît avec le revenu disponible, c'est-à-dire avec le revenu net d'impôt. On suppose donc que les ménages ne peuvent emprunter (ni sur le marché intérieur ni à l'étranger) pour « lisser » leur consommation, comme c'est le cas, par exemple, dans la théorie du revenu permanent. Ce revenu disponible se répartit entre consommation et épargne. L'*investissement des entreprises* est considéré comme une fonction décroissante du taux d'intérêt domestique : une entreprise compare le rendement de son investissement au rendement du marché, c'est-à-dire au taux d'intérêt ; si le rendement de l'investissement est supérieur au rendement du marché, elle investit ; sinon, elle place sur les marchés financiers. En conséquence, plus le taux d'intérêt est élevé et moins il y a de projets susceptibles d'être retenus.

Le niveau des *dépenses gouvernementales* est considéré comme fixé par le gouvernement. En outre, l'État n'est soumis à aucune contrainte concernant le montant du déficit ou de sa dette. Si les dépenses sont supérieures aux recettes, l'État finance le déficit en empruntant sur le marché domestique des capitaux. Le déficit public peut alors provoquer un effet d'« éviction financière » : si le Trésor lance un emprunt, il peut être directement à l'origine d'une augmentation du taux d'intérêt qui déprime l'investissement privé. C'est cette crainte de l'éviction (et le refus de toute reprise de l'inflation) qui a conduit à l'adoption du « Pacte de stabilité » destiné, entre autres, à limiter le déficit budgétaire des pays membres de l'UEM dans la perspective de l'adoption de la monnaie commune.

Enfin, les *exportations* constituent une partie de la demande pour les produits domestiques. À l'inverse, les biens et services *importés* se substituent à la production domestique. C'est pourquoi c'est le solde de la balance courante (« réduite » aux biens et services), c'est-à-dire les exportations nettes, qui intervient du côté de la demande. Ce solde se détériore avec la hausse du revenu national et du taux de change réel (la condition de Marshall-Lerner est donc vérifiée) et s'améliore avec le niveau du revenu étranger (voir chapitre V).

Dans un tel contexte, le *marché du travail* est totalement passif : le niveau de demande de travail émanant des entreprises est déterminé par le niveau de la demande de biens. Ainsi, une politique économique qui stimule la demande effective conduit à une *diminution* du taux de chômage involontaire.

Le marché de la monnaie . — L'équilibre du marché de la monnaie est une situation où l'offre d'encaisses réelles (la masse monétaire en circulation divisée par le niveau général des prix domestiques) est égale à la demande. La *demande d'encaisses réelles* dépend positivement du revenu réel domestique et négativement du taux d'intérêt domestique (chapitre v).

Le statut de l'*offre de monnaie* dépend du régime de change. Lorsque les parités sont parfaitement flexibles, la quantité de monnaie en circulation est supposée fixée de manière discrétionnaire par la banque centrale. On parle alors de masse monétaire « exogène » (la quantité d'encaisses n'est pas liée à l'équilibre de la balance globale). Les autorités peuvent utiliser la politique monétaire pour atteindre des objectifs internes tels que la diminution du chômage. C'est par exemple ce que fait la Réserve fédérale (c'est-à-dire la banque centrale des EU), qui, bien qu'indépendante du pouvoir politique (comme la BCE), agit sur les taux d'intérêt à court terme pour accélérer la croissance (en réduisant le taux) ou réduire l'inflation (en augmentant le taux).

Les choses sont très différentes lorsque les parités sont fixes. Dans ce contexte en effet, la masse monétaire est endogène : l'offre de monnaie dépend de la variation des réserves de change, tout au moins lorsque la banque centrale ne pratique pas une politique de stérilisation.

Le marché des changes . — L'équilibre de ce marché correspond à l'équilibre « économique » de la balance des paiements. Il s'agit donc de la situation où le solde de la balance globale est égal à zéro, en changes fixes comme en changes flexibles.

L'équilibre global de l'économie domestique est donc atteint pour un niveau donné de taux de change réel (q), de revenu réel domestique (y) et de taux d'intérêt domestique (r) lorsque les parités sont flexibles ; et pour un niveau de revenu réel domestique (y), de taux d'intérêt (r) et un niveau d'encaisses monétaires en circulation (M) en changes fixes (encadré ci-contre).

Le cadre analytique étant défini, nous allons présenter les effets des chocs internes et externes dans le contexte des parités flexibles d'abord puis dans celui des parités fixes.

L'équilibre keynésien en économie ouverte : le modèle de Mundell-Fleming (ou « IS-LM-BP »)

Il est possible de représenter les différents équilibres sur les marchés des biens, de la monnaie et des changes sous forme d'une série d'équations. On utilise alors le modèle « IS-LM-BP », qui est sans doute le modèle théorique en économie ouverte le plus fréquemment utilisé à des fins pédagogiques.

L'équilibre sur le marché des biens est représenté par la courbe « IS » ; l'équilibre sur le marché de la monnaie par la courbe « LM » et l'équilibre du marché des changes (de la balance globale) sous la forme de la courbe « BP ».

L'équilibre sur le marché des biens : la courbe IS

En notant y la production domestique, c la consommation des ménages, $y - t(y)$ le revenu disponible des ménages (les recettes de l'État $t(y)$ sont supposées proportionnelles au revenu), $i(r)$ l'investissement privé des entreprises, g les dépenses gouvernementales exogènes et $BC(y,y^*,q)$ le solde de la balance des transactions courantes en volume, l'équilibre sur le marché des biens s'écrit :

$$y = c((\overset{+}{y} - t(\overset{-}{y})) + i(\overset{-}{r}) + \overset{+}{g} + BC(\overset{-}{y}, \overset{+}{y}^*, q) \qquad (32)$$

Les signes « + » et « – » indiquent dans quel sens évolue y lorsque les variables qui les constituent se modifient. Cet équilibre est représenté par une courbe décroissante dans le repère $(\vec{y},\vec{r})$: la courbe IS (c'est-à-dire l'ensemble des couples (y,r) tels que le marché des biens est à l'équilibre). Une augmentation du taux d'intérêt se traduit, toutes choses égales par ailleurs, par une diminution de l'investissement privé et donc par une réduction de la demande effective qui déprime le produit réel domestique.

L'équilibre sur le marché de la monnaie : la courbe LM

En notant M_s/P l'offre d'encaisses réelles (avec M_s l'offre de monnaie et P niveau général des prix), y le revenu (la production) réel et r le taux d'intérêt, l'équilibre sur le marché de la monnaie s'écrit :

$$\frac{M_s}{P} = f(\overset{+}{y},\overset{-}{r}) \qquad (33)$$

et est représenté par la courbe LM dans le repère $(\vec{y},\vec{r})$. Cette courbe est croissante car une augmentation du taux d'intérêt incite les agents à détenir moins de monnaie. Elle se traduit donc, à offre de monnaie donnée, par un excès d'offre d'encaisses qui ne peut être résorbé que par une augmentation du revenu. Cette dernière, en effet, stimule la demande d'encaisses pour motif de transaction et rétablit donc, à offre de monnaie donnée, l'équilibre sur le marché de la monnaie.

L'équilibre du marché des changes : la courbe BP

À l'équilibre sur le marché des changes, le solde de la balance globale est égal à zéro. Ce dernier est la somme du solde de la balance des transactions courantes (BC) et du solde des opérations financières (F). On considère dans le modèle IS-LM-BP que les flux internationaux de capitaux sont déterminés par la parité non couverte des taux d'intérêt (voir encadré p. 60). Ainsi, le solde de la balance des opérations financières est croissant du différentiel des rendements attendus domestiques et étrangers ($r - r^* + \dot{e}^a$). L'équilibre sur le marché des changes s'écrit :

$$BC(y,y^*,q) + F(r - r^* + \dot{e}^a) = 0 \qquad (34)$$

Il est représenté par la courbe BP. Cette courbe est généralement croissante dans le repère $(\vec{y},\vec{r})$. En effet, une augmentation du taux d'intérêt domestique se traduit, à rendement attendu des titres étrangers donné, par des entrées nettes de capitaux à l'intérieur du pays. Toutes choses égales par ailleurs, un tel phénomène conduit à un excédent de la balance des opérations financières et donc de la balance globale. La seule manière de rétablir l'équilibre à taux de change réel q et à taux d'intérêt étranger r^* donnés est une augmentation du revenu domestique qui détériore (*via* l'augmentation des importations) le solde de la balance courante. Cette dégradation du solde courant permet alors de compenser l'excédent de la balance des opérations financières. Un tel ajustement suppose que les capitaux peuvent circuler d'une place financière à une autre. Il existe donc un certain « degré de mobilité internationale des capitaux ». On considère souvent que la mobilité internationale des capitaux est parfaite. Cette hypothèse est très simplificatrice puisqu'elle suppose une *parfaite substituabilité* entre les titres domestiques et les titres étrangers, c'est-à-dire la *neutralité* des opérateurs vis-à-vis du risque et l'absence de coûts de transaction. C'est pourquoi nous supposons ici une mobilité internationale des capitaux qui, bien que forte, demeure imparfaite : il peut exister, à l'équilibre du marché des changes, une différence entre les rémunérations attendues des titres domestiques et étrangers. Cette hypothèse implique que la pente de la courbe *BP* est plus faible que celle de la courbe *LM*.

L'équilibre de l'économie domestique est atteint lorsqu'il y a simultanément équilibre sur le marché des biens, sur le marché de la monnaie et sur le marché des changes. Cette situation est définie par un triplet (y,r,q) en changes flexibles et un triplet (y,r,M_s) lorsque les parités sont fixes. Graphiquement, la situation d'équilibre correspond au point d'intersection des courbes IS, LM et BP dans le repère $(\vec{y},\vec{r})$.

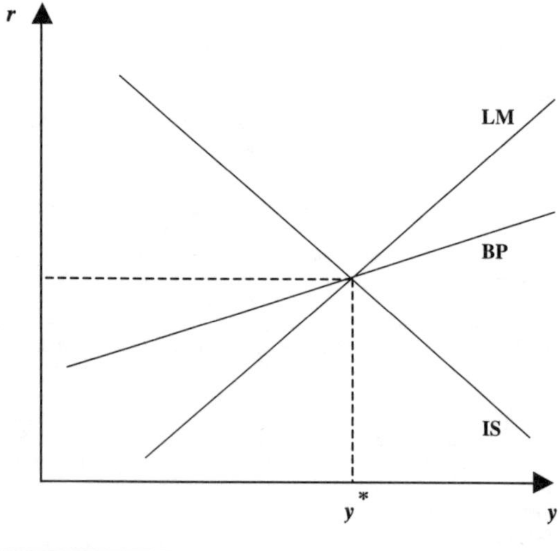

Dans ce qui suit, nous considérerons que la variation anticipée du change nominal est nulle ($\dot{e}^a = 0$). La variation du taux de change nominal n'affecte alors que la balance courante et non la balance des opérations financières. Si les prix sont rigides, la variation du taux de change nominal entraîne une variation proportionnelle du taux de change réel (q) qui affecte négativement le solde de la balance courante.

Dans ce contexte, la politique monétaire et la politique budgétaire ont, à court terme, des effets différents sur le revenu domestique, sur le taux d'intérêt et sur le taux de change réel de la monnaie nationale. De même, les variations du taux d'intérêt ou du revenu étrangers agissent sur le solde de la balance des paiements domestique. Ainsi, si à court terme la hausse du taux d'intérêt étranger peut avoir un impact positif sur l'économie domestique, l'augmentation du revenu étranger n'a, dans ce contexte, aucune incidence sur l'économie nationale. Sous les hypothèses du modèle keynésien, *avec un taux de change flexible le petit pays est isolé des variations du revenu étranger.*

L'efficacité de la politique monétaire . — Une politique monétaire (expansionniste ou restrictive) se fait, le plus souvent, *via* un mécanisme d'*open-market* dans les pays où, bien entendu, il existe un marché financier. L'institut d'émission régule la quantité de monnaie domestique en circulation par des achats ou des ventes de titres publics ou privés sur le marché. Cela permet également de réguler le niveau du taux d'intérêt domestique. En effet, ce dernier augmente lorsque la masse monétaire diminue et il se réduit en cas d'expansion monétaire.

Supposons que les autorités décident de conduire une politique monétaire expansionniste afin de stimuler la demande globale par l'augmentation de l'investissement, réduisant ainsi le chômage. L'accroissement de la masse monétaire provoque la diminution du taux d'intérêt domestique. Lorsque la mobilité internationale des capitaux est imparfaite, cette politique a deux conséquences sur la balance globale. D'une part, les capitaux quittent le pays puisqu'ils sont mieux rémunérés à l'étranger (le taux d'intérêt domestique a diminué tandis que le taux d'intérêt étranger demeure identique). Le solde de la balance des opérations financières est donc négatif. D'autre part, l'accroissement de la demande globale stimule la production nationale, ce qui provoque un accroissement des importations. En conséquence, le compte courant se dégrade également.

La balance globale est donc déficitaire et il y a un excès d'offre de monnaie nationale sur le marché des changes. Cette dernière se déprécie donc. Cela améliore la compétitivité des produits domestiques. À court terme, l'équilibre de la balance globale est rétabli grâce à la dépréciation de la monnaie nationale qui permet de dégager un excédent de la balance des transactions courantes compensant les sorties initiales de capitaux du pays.

À court terme, le recours à l'instrument monétaire paraît donc efficace dans le cadre keynésien : l'accroissement des encaisses nominales en circulation permet l'accroissement du produit réel et donc la diminution du taux de chômage. *À moyen terme, en revanche, ce résultat est plus sujet à caution.* En effet, la dépréciation de la monnaie nationale renchérit mécaniquement le coût des biens importés. Il s'ensuit un risque d'inflation importée alimentée, par exemple, par les revendications des salariés qui peuvent exiger des compensations salariales pour compenser leur perte de pouvoir d'achat.

Les limites de la politique budgétaire . — Face à un taux de chômage élevé, le gouvernement peut décider de creuser le déficit public. Le but est d'alimenter, comme précédemment, la demande globale domestique mais dans ce cas par le biais des dépenses publiques. Nous supposons ici que le déficit est financé par emprunt (et non pas par émission monétaire). Une telle politique a deux effets opposés sur le solde de la balance des paiements.

D'un côté, l'émission de titres de la dette publique pousse le taux d'intérêt domestique à la hausse. Les capitaux étrangers sont attirés par la meilleure rémunération. Le solde de la balance des opérations financières s'améliore donc. Mais, dans le même temps, l'augmentation du déficit public, en stimulant la demande globale, permet l'accroissement du produit domestique. Il y a donc également une augmentation des importations qui dégrade le solde de la balance des transactions courantes.

En fin de compte, c'est le degré de mobilité internationale des capitaux qui permet de trancher entre ces deux effets contradictoires sur la balance globale. Plus forte est la mobilité, plus l'afflux de capitaux est massif. Cela suppose une parfaite substituabilité entre les titres domestiques et étrangers (les opérateurs financiers sont neutres vis-à-vis du risque). En conséquence, plus la circulation des capitaux est facile et plus la probabilité pour que ce type de politique se traduise par une appréciation de la monnaie nationale est grande. Comme la condition de Marshall-Lerner est supposée vérifiée, l'accroissement des dépenses publiques peut conduire à une perte de compétitivité des produits domestiques. La désaffection de l'étranger pour les produits domestiques est susceptible d'annuler les effets positifs initiaux de la hausse des dépenses publiques sur le taux de chômage.

Ainsi, l'effet bénéfique attendu d'une telle politique peut être totalement annulé par la variation de la parité de la monnaie nationale. Par ailleurs, dans une perspective à plus long terme, nous avons vu (chapitre III) que la capacité d'endettement extérieur d'un pays peut se heurter à un problème de soutenabilité. Or le déficit public, s'il est (au moins partiellement) financé par un recours à l'épargne étrangère, alimente la dette extérieure.

En résumé, un petit pays a intérêt à privilégier la politique monétaire lorsque la mobilité internationale des capitaux est forte, tout au moins à court terme. Cela suppose évidemment que la banque centrale n'ait pas pour unique objectif la stabilité des prix à moyen terme...

L'influence des chocs externes. — Le petit pays ne peut que subir les chocs externes, du fait de son absence d'influence sur la conjoncture du reste du monde. Nous envisageons ici deux types de chocs : la modification du rendement attendu des titres étrangers (r^*) et la variation du revenu étranger (y^*). L'absence d'influence de cette dernière variable sur la conjoncture économique du petit pays constitue une des conclusions surprenante du modèle de Mundell-Fleming.

• *Les effets d'une variation du taux d'intérêt étranger*. Une augmentation du taux d'intérêt étranger (r^*) dégrade le solde de la balance des opérations financières à cause des sorties de capitaux du pays. Le solde de la balance courante demeure inchangé puisqu'il ne dépend pas de r^*. Le pays voit donc le solde de sa balance globale se détériorer : il y a excès d'offre de monnaie nationale sur le marché des changes. L'équilibre est rétabli par la dépréciation nominale du taux de change qui améliore la compétitivité des produits domestiques (d'où un accroissement des exportations nationales) et réduit les importations de biens étrangers. *Une hausse du taux d'intérêt étranger a donc ici des effets bénéfiques à court terme* puisqu'elle se traduit par un accroissement de la demande globale et donc une diminution du taux de chômage. Ce résultat est discutable à moyen terme. En effet, la dépréciation de la monnaie nationale peut provoquer à terme la hausse du niveau général des prix domestiques par le biais de l'inflation importée. En outre, les autorités peuvent souhaiter éviter des sorties massives de capitaux du pays, parce qu'elles risquent de réduire l'investissement domestique, faute de fonds prêtables. La capacité future de production pourrait en être diminuée (un aspect des choses qui n'est pas pris en compte dans le modèle de Mundell-Fleming). Les autorités peuvent donc être tentées de ne pas laisser s'installer un différentiel d'intérêt trop conséquent avec l'étranger (et ce d'autant plus que la banque centrale a pour objectif principal la stabilité des prix).

• *L'absence d'impact à court terme d'une variation du revenu étranger*. Supposons à présent que le revenu étranger varie. Une baisse, par exemple, a pour conséquence la dégradation du solde de la balance courante. En effet, parce que son revenu baisse, le reste du monde demande moins de produits domestiques. Comme la balance des opérations financières n'est pas affectée, ce phénomène provoque un excès d'offre de monnaie nationale sur le marché des changes (un déficit de la balance globale). La monnaie nationale se déprécie donc, ce qui améliore la compétitivité. Ainsi, la baisse des commandes consécutive à la dégradation du revenu étranger est intégralement compensée par l'accroissement de la compétitivité des produits domestiques résultant de la dépréciation de la monnaie nationale.

Dans le cadre du modèle keynésien avec des taux de change flexibles, l'évolution de la conjoncture du reste du monde est sans effet à court terme sur l'économie nationale. À moyen terme, cette conclusion doit être nuancée. En effet, si les prix domestiques à la consommation augmentent à cause du renchérissement des biens importés, tout ou partie de l'effet positif de la dépréciation nominale sur la compétitivité des produits domestiques finira par disparaître.

Il apparaît donc que, dans le modèle keynésien de court terme, le résultat final de la politique économique, tout comme les effets des chocs externes sur l'économie nationale du petit pays, est fondamentalement lié au mécanisme qui assure le retour à l'équilibre de la balance globale : la variation de la parité nominale de la monnaie domestique.

Nous avons volontairement ignoré, dans ce qui précède, la conduite simultanée de politiques monétaire et budgétaire (le *policy mix* en anglais). Ainsi, une politique d'accroissement du déficit public, dont nous avons vu qu'elle est peu efficace à cause de la variation positive du taux de change qu'elle implique, peut être accompagnée par un accroissement de l'offre de monnaie. Cette dernière, en freinant la hausse du taux d'intérêt, évite ou réduit l'ampleur de l'appréciation de la monnaie nationale. Dans le cadre retenu ici, une telle combinaison pourrait donc se révéler efficace pour réduire le taux de chômage. De plus, nous avons supposé que le pays reste passif face aux chocs externes, et en particulier face à la variation du taux d'intérêt étranger. Or une politique nationale est possible. Par exemple, si le taux d'intérêt étranger diminue, l'effet négatif sur l'économie nationale peut être en partie compensé par une politique monétaire expansionniste (ou une politique budgétaire restrictive) qui permettra une détente sur les taux d'intérêt nationaux.

Politiques économiques et chocs externes en changes fixes

Là encore, les effets des différents chocs dépendent des processus de retour à l'équilibre du marché des changes. Ces derniers impliquent la variation endogène de la masse monétaire domestique.

L'impossible politique monétaire. — Dans le modèle de Mundell-Fleming, toute variation discrétionnaire de la masse monétaire nationale est inefficace dans le système « pur » de changes fixes. Par exemple, la baisse du taux d'intérêt et la hausse du revenu (produit) national résultant d'une augmentation de la masse monétaire nationale créent un excès d'offre de cette dernière sur le marché des changes. La banque centrale intervient sur ce marché pour soutenir le cours nominal en vigueur, les réserves officielles diminuent et la masse monétaire retrouve son niveau initial. La politique n'a servi à rien.

Cette conclusion peut cependant être nuancée. En effet, les autorités peuvent conserver une certaine « liberté » monétaire lorsque les taux de change peuvent évoluer dans la limite de marges de fluctuations. Le SME (Système monétaire européen) s'appuyait sur ce type d'instrument. Ce n'est qu'à l'approche de la construction de l'UEM que les taux de change des pays susceptibles d'adhérer au système de monnaie unique devinrent totalement fixes. Auparavant, les fourchettes de fluctuations avaient été fixées à +/– 2,25 % autour du cours pivot et même à +/– 15 % après la « crise du SME » en 1993.

Une certaine efficacité à court terme de la variation des dépenses publiques. — S'il est financé par un emprunt, l'accroissement des dépenses publiques conduit à des entrées de capitaux dans le pays, donc à un excédent de la balance des opérations financières. Une telle politique conduit également à la dégradation du solde de la balance courante parce qu'elle induit une augmentation du revenu national. L'effet global est ambigu. Le résultat dépend du degré de mobilité internationale des capitaux. Lorsque ce degré est élevé, l'afflux de capitaux rend la balance globale excédentaire. Cela implique un risque d'appréciation de la monnaie nationale : la banque centrale vend de la monnaie nationale contre des devises. Les réserves de change augmentent, ainsi que la masse monétaire domestique. Le taux d'intérêt revient alors à un niveau compatible avec l'arrêt des flux de capitaux entre la nation et l'étranger.

En l'absence de politique de stérilisation, la variation de la masse monétaire domestique permet donc le retour à l'équilibre de la balance globale. En outre, la politique budgétaire a une certaine efficacité à court terme puisqu'elle permet de réduire le taux de chômage, *via* la hausse de la demande globale. En revanche, si la mobilité internationale des capitaux est faible, la diminution de la masse monétaire domestique freine l'impact positif de cette politique. À la limite, l'accroissement des dépenses publiques est sans effet sur la conjoncture domestique lorsque les capitaux sont parfaitement immobiles d'une place financière à une autre.

À plus long terme, en revanche, se pose le problème de la soutenabilité de la dette extérieure. Il est d'autant plus important que les parités nominales sont fixes. Dans le chapitre précédent, nous avons indiqué comment la croyance des opérateurs dans l'impossibilité, pour la banque centrale, de maintenir le taux de change à son niveau nominal peut déclencher des crises de balance des paiements. En outre, le « théorème ricardien d'équivalence » affirme que toute politique d'accroissement des dépenses publiques est sans effet dès lors que les ménages se préoccupent de leur descendance (« altruisme intergénérationnel »). Dans ce cas, les agents réalisent que la dette publique d'aujourd'hui se traduira plus tard par une augmentation des impôts. En conséquence, d'après cette théorie, le surcroît de revenu résultant des dépenses de l'État est intégralement épargné par les ménages. Il n'y aurait donc pas d'impact sur la demande globale.

Les effets incertains de la dévaluation du taux de change nominal. — Compte tenu de ce qui précède, un gouvernement peut hésiter à accroître ses dépenses, surtout s'il est déjà très endetté et qu'en conséquence sa capacité à emprunter à l'extérieur est limitée. Dans ce cas, la dévaluation du taux de change nominal peut sembler le meilleur moyen d'augmenter la demande globale. La baisse de la valeur de la monnaie nationale (en termes de monnaie étrangère) doit en effet accroître la compétitivité des produits domestiques et donc stimuler les exportations nationales. Si la condition de Marshall-Lerner est vérifiée, la dévaluation se traduit par un excédent de la balance des transactions courantes. Le mécanisme de rééquilibrage de la balance des paiements est alors identique à celui décrit précédemment : si la banque centrale ne stérilise pas la variation des réserves de change, l'excédent de la balance des paiements est résorbé par une augmentation de la masse monétaire domestique qui se traduit par des sorties de capitaux et davantage d'importations résultant de la stimulation de l'investissement domestique.

La politique budgétaire apparaît donc comme un instrument efficace à court terme. Elle pose, cependant, un certain nombre de problèmes à moyen et à long terme. Il est clair qu'une telle politique n'a de sens que dans la mesure où le pays étranger demeure passif, c'est-à-dire ne procède pas à la dévaluation de sa propre monnaie pour ramener le taux de change nominal à sa valeur initiale. Ce type de comportement non coopératif entre deux joueurs où chacun a intérêt à adopter la même stratégie, même si elle n'est pas la meilleure collectivement, est appelé « dilemme du prisonnier » dans la théorie des jeux [Cahuc, 1998]. La dévaluation peut donc être une politique difficile à mettre en œuvre ou sous-optimale.

De plus, la dévaluation fait peser le risque d'une hausse des prix domestiques. Cela peut conduire les autorités à renoncer à cette stratégie, particulièrement si le taux d'inflation est déjà élevé. Nous verrons un peu plus loin que le refus de la dévaluation nominale en mai 1981 en France et la politique dite « de franc fort » par la suite ne sont pas étrangers à cette considération.

La vulnérabilité aux chocs externes. — Les variations du taux d'intérêt ou du revenu étranger peuvent avoir un impact sur l'économie nationale lorsqu'elle se trouve en changes fixes avec le reste du monde. Il n'est plus question, comme en changes flexibles, de s'isoler par rapport aux variations de la conjoncture étrangère.

Ainsi, par exemple, la baisse du revenu étranger (y^*) détériore le solde des balances courante et globale, ce qui entraîne un excès d'offre de monnaie sur le marché des changes. La banque centrale intervient pour soutenir le taux de change en vendant des devises. Les réserves diminuent, ainsi que la masse monétaire nationale. La hausse du taux d'intérêt domestique qui en résulte attire les capitaux mais détériore la demande globale. Finalement, la situation économique se détériore dans le pays. À partir de cet instant, les opérateurs peuvent douter de la capacité des autorités à maintenir la parité existante et anticiper une baisse de la valeur de la monnaie nationale sur le marché des changes. Il y a donc un risque de crise de balance des paiements, surtout pour les pays en développement, dont la conjoncture peut être très dépendante de celle du reste du monde.

Une variation positive du taux d'intérêt étranger a un impact négatif sur l'économie domestique, à l'inverse de ce qui se produit en changes flexibles. En effet, la sortie de capitaux du pays crée un risque de dépréciation de la monnaie nationale. La banque centrale intervient pour soutenir son cours. Les réserves officielles diminuent et donc la masse monétaire domestique également. La hausse du taux d'intérêt ramène certes une partie des capitaux dans le pays mais détériore la conjoncture domestique en déprimant l'investissement. La perspective de crise de la balance des paiements s'accroît.

Globalement, une petite économie en parités fixes est vulnérable à l'évolution de la conjoncture du reste du monde. Cela n'a pas empêché un certain nombre de pays, dont l'Argentine, d'adopter ce type de régime de change pour asseoir la crédibilité de leur monnaie, mais avec un fort risque de surévaluation.

Une petite économie ouverte sur l'extérieur peut, dans le contexte keynésien de court terme adopté ici, se trouver face à un douloureux problème de respect de la contrainte de l'équilibre extérieur. Même si l'on adopte un autre cadre théorique (où l'on raisonne en termes d'« équilibre de stocks » plutôt qu'en « équilibre de flux », voir encadré p. 106), il peut être difficile pour un pays de mener une politique nationale dont les effets ne soient pas réduits (voire annulés) par les problèmes d'inflation importée ou de soutenabilité de la dette. Est-ce à dire que toute politique économique est impossible en économie ouverte ? Évidemment non. Mais le pays dont l'économie est ouverte sur l'extérieur ne peut durablement, surtout s'il s'agit d'un pays en développement, ignorer sa contrainte extérieure. Par ailleurs, et comme cela a été indiqué dans le chapitre V, l'équilibre global peut signifier des déséquilibres partiels qui parviennent à se compenser. Ainsi certains pays, les États-Unis par exemple, peuvent se permettre de connaître des déficits de la balance courante et des finances publiques sans que cela sème le doute dans l'esprit des opérateurs quant à leur capacité à honorer le remboursement de leur dette extérieure. D'autres, en revanche, n'ont pas cette faculté. C'est le cas de la France, qui a été contrainte de modifier sa politique économique au cours des années 1980 et 1990 pour respecter sa contrainte extérieure. La dernière section de ce chapitre est consacrée à cette question.

2. Une « petite économie » face à la contrainte extérieure : l'exemple de la France

La politique économique mise en œuvre en France au cours des décennies 1980 et 1990 met en lumière l'influence de la contrainte extérieure sur l'économie nationale. L'échec relatif de la politique de relance de 1981-1983 ou le succès relatif de la politique de rigueur font figure de « cas d'école ». Il n'est donc pas surprenant qu'un nombre important de travaux aient été consacrés à l'examen de la politique économique française menée à cette période [Sachs et Wyplosz, 1986 ; Blanchard et Muet, 1993 ; Agénor et Bismut, 1999]. Ces travaux permettent de comprendre à la fois les raisons de l'échec de la politique de relance et l'adoption de la politique de rigueur (ou de

Équilibre de flux et équilibre de stocks

Toute l'analyse en termes d'« équilibre économique » de la balance des paiements menée dans les chapitres IV et V s'appuie sur une approche en termes de *flux* identique à celle retenue dans le modèle de Mundell-Fleming. Mais l'approche en termes de *stocks* (ou en termes de « choix de portefeuille ») s'est largement répandue à partir des années 1960, dans le domaine de la macroéconomie internationale.

Comme le souligne Koenig [1997], l'intérêt de cette approche est triple :

— compléter l'analyse traditionnelle de court terme (de type Mundell-Fleming) en montrant comment les chocs qui affectent l'économie peuvent influer sur le comportement des agents résidents parce qu'ils ont des effets sur leur *patrimoine* ;

— mieux expliciter les mouvements internationaux de capitaux. On prend alors en compte le fait que les agents possèdent un patrimoine privé diversifié. Une telle approche peut permettre d'expliquer pourquoi il peut durablement persister des écarts entre le taux d'intérêt domestique et le taux d'intérêt étranger ;

— enfin, et c'est là le plus important, l'approche en termes de stocks permet de définir un équilibre de *long terme* où l'équilibre extérieur ne correspond pas seulement à un solde nul de la balance globale mais *à un équilibre simultané de la balance courante et de la balance des opérations financières*.

L'analyse en termes de stocks s'appuie essentiellement sur l'hypothèse selon laquelle les agents résidents privés (et étrangers) détiennent un patrimoine (ou un portefeuille) privé. Ce dernier est constitué de trois catégories d'actifs : la monnaie nationale, des obligations publiques nationales (dont on suppose qu'elles ne sont détenues que par des résidents) et des obligations étrangères détenues à la fois par les résidents et par les non-résidents.

La détention de monnaie domestique ne donne lieu à la perception d'aucune rémunération tandis que les obligations nationales et étrangères sont supposées offrir respectivement des taux d'intérêt r et r^*. On suppose généralement dans ce type d'approche que l'économie domestique est tellement « petite » à l'échelle internationale que le taux d'intérêt étranger ne peut pas être influencé par la demande de titres formulée par les agents résidents. De la même manière, on peut considérer que les actifs domestiques ne sont pas détenus par les agents non résidents.

Chacune des trois demandes d'actifs augmente avec la valeur du patrimoine de l'agent résident. Lorsque l'individu est plus riche, il demande à la fois davantage de monnaie, de titres domestiques et d'actifs étrangers. Toute variation relative de la richesse individuelle affecte de manière identique chacune de ces demandes. En revanche, chaque demande d'actifs, considérée individuellement, croît avec le rendement du titre auquel elle s'applique et décroît avec le rendement des autres : la demande de monnaie diminue lorsque le rendement des titres domestiques (r) ou étrangers (r^*) augmente, tandis que la demande d'actifs domestiques décroît avec le taux d'intérêt étranger et croît avec le taux d'intérêt domestique. La demande d'actifs étrangers réagit de manière exactement inverse.

Les agents déterminent leur *stock individuel désiré* en maximisant leur fonction d'utilité intertemporelle. Il y a *équilibre de stocks* lorsque les stocks d'actifs désirés par les agents (les demandes) sont égaux aux *stocks effectifs* (les offres de chacun de ces trois actifs).

Comme le relève Plihon [2001], cette approche, dans le cadre des parités flexibles, fait dépendre la variation du taux de change nominal des déterminants de l'offre et de la demande d'actifs monétaires et financiers (domestiques et étrangers). Ainsi, par exemple, une augmentation de la masse monétaire domestique conduit, à court terme, à une dépréciation de la monnaie nationale. En effet, une telle variation crée un excès d'offre de monnaie et une demande excédentaire de titres domestiques et étrangers. Pour pouvoir aller placer à l'étranger, les résidents vont offrir de la monnaie nationale, ce qui va provoquer la diminution de la valeur nominale de la monnaie sur le marché des changes. Mécaniquement, une partie de la demande excédentaire de titres étrangers est satisfaite par cette dépréciation car, consécutivement à la dépréciation de la monnaie domestique, la valeur en monnaie nationale du stock d'actifs étrangers détenu par les agents résidents augmente.

Les choses sont un peu plus complexes en changes fixes. Le réaménagement du portefeuille consécutif à l'accroissement de la monnaie nationale se traduit par une augmentation de la détention d'actifs nationaux et étrangers. Ce dernier effet réduit, au total, l'accroissement monétaire initial puisque l'accroissement du stock d'actifs étrangers dans le portefeuille des agents résidents produit une diminution des réserves officielles de change. Comme nous l'avons vu précédemment, ces résultats ne sont guère différents de ceux obtenus dans le cadre des modèles où l'équilibre est défini en termes de flux, comme celui de Mundell et Fleming. Cependant, le fait que les mouvements internationaux de capitaux soient la conséquence directe des processus de réallocation de portefeuille des agents implique que les flux s'arrêtent lorsque les stocks désirés et effectifs s'égalisent. Ainsi, les écarts éventuels entre les rémunérations offertes sur les actifs financiers peuvent perdurer s'ils correspondent à une situation optimale pour les agents résidents et non résidents. Nous avons vu que le fait de prendre en compte le degré d'aversion vis-à-vis du risque des opérateurs financiers conduit au même type de conclusion dans l'approche en termes de flux.

Enfin, il existe d'autres approches [Razin, 1995] qui explicitent la dynamique du compte courant par la prise en compte des contraintes de budget et des processus d'optimisation intertemporelle des entreprises et des ménages (ces derniers, par exemple, ont la possibilité d'emprunter à l'étranger pour « lisser » leur consommation). Ces modèles restent toutefois assez fragiles par le caractère très abstrait des hypothèses posées (marché parfait des capitaux au niveau international) et par l'assimilation de la nation à un seul agent (« agent représentatif »). Les résultats obtenus dans ce cadre sont souvent très différents (notamment en termes d'efficacité des politiques économiques) de ceux décrits dans le modèle de Mundell-Fleming.

« désinflation compétitive » ou encore de « franc fort ») après la dévaluation du franc en mars 1983.

L'échec de la relance de 1981-1983

Le 10 mai 1981, François Mitterrand était élu président de la République, et la gauche revenait aux affaires. L'état de l'économie française n'était pas bon : montée du chômage et de l'inflation depuis 1974 (qui atteignent respectivement 6,3 % et 12,2 % en 1980), ralentissement de la croissance (1 % en 1980 contre une moyenne de 3,1 % sur la période 1974-1980) et déficit du compte courant (– 1,4 % du PIB en 1980 contre – 0,3 % sur la période 1974-1980). Ces piètres performances s'expliquent principalement par les deux chocs pétroliers de 1973 et 1979-1980. La récession touchait les principaux partenaires commerciaux de la France, comme l'Allemagne ou la Grande-Bretagne. Les politiques mises en œuvre par Jacques Chirac sous la présidence de Valéry Giscard d'Estaing (politique de relance) et par Raymond Barre (politique d'austérité) s'étaient révélées, en outre, incapables d'endiguer la montée du chômage.

Dès juin 1981, le nouveau gouvernement, dirigé par Pierre Mauroy, prit une série de mesures destinées à réduire le chômage : accroissement des dépenses publiques (*via*, notamment, un vaste programme de nationalisations) politique monétaire « accommodante » (pour limiter la montée du taux d'intérêt), augmentation des minima sociaux (le SMIC a augmenté de plus de 11 % en termes réels entre avril 1981 et juillet 1982), réduction du temps de travail (passage aux 39 heures sans réduction de salaire et cinquième semaine de congés payés) et nouveau cadre législatif destiné à réorganiser les relations dans le monde du travail (lois Auroux.)

Les résultats de cette politique ne furent pas à la hauteur des espérances. Les taux de croissance prévus étaient respectivement de 3,1 % et de 2 % en 1982 et 1983. Ils ne dépassèrent pas 1,8 % et 0,7 %. Le taux de chômage continua à croître (8,1 % en 1982 puis 8,2 % en 1983) mais en demeurant relativement proche de son niveau de 1980 (7,4 %), contrairement à ce qui se produisit en Allemagne (6,3 % en 1980, 7,4 % en 1981 et 8,1 % en 1982) et au Royaume-Uni (6,6 % en 1980, 10 % en 1981 et 11,4 % en 1982). Cela conduit Sachs et Wyplosz [1986] à affirmer que *les mesures prises en juin 1981 n'ont pas permis la diminution du taux de chômage mais ont tout de même un peu isolé la France de la récession mondiale de 1982*.

GRAPHIQUE 9. — FRANCE, EXPORTATIONS ET IMPORTATIONS DE BIENS ET SERVICES EN % DU PIB (1978-2001)

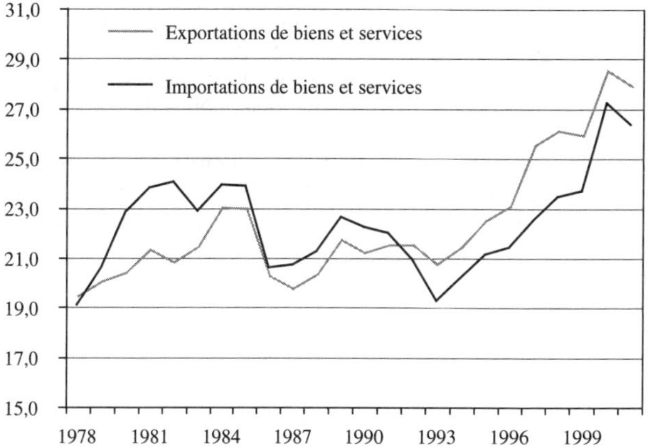

Source : INSEE, *Séries longues*.

Mais la politique de relance avait aggravé le déficit du compte courant. La stimulation de la croissance française (très supérieure à celle de ses partenaires commerciaux) s'était traduite par davantage d'importations, alors que les exportations plafonnaient en raison de la faible conjoncture chez nos partenaires (graphique 9). Ainsi, l'isolement relatif du pays de la détérioration de la conjoncture économique internationale avait été payé par une dégradation du solde courant. Par ailleurs, cette politique avait encouragé la hausse des prix. La différence entre les taux d'inflation français et allemand s'était accentuée, entraînant la surévaluation du franc. En définitive, le gouvernement fut contraint d'accepter non pas une mais trois dévaluations, entre 1981 et 1983.

Le compte courant s'est fortement dégradé (– 2,2 % du PIB en 1982 contre – 0,8 % en 1981, voir graphique 10). Cette dégradation était en partie imputable à la détérioration de la conjoncture dans les pays partenaires (diminution des exportations françaises). En effet, le franc apparaissait comme largement surévalué avant l'arrivée des socialistes au pouvoir, en raison de la différence d'inflation entre la France et l'Allemagne sur la période 1974-1980 (10,5 % contre 4,7 %). Cela alimenta une série d'attaques spéculatives contre le franc. La première eut lieu quelques jours avant le 10 mai 1981 et se poursuivit avec une plus grande intensité encore les jours suivants. L'ampleur de l'attaque obligea la Banque de France à intervenir sur le marché des changes et à augmenter le niveau des taux d'intérêt (à cette époque toutefois, la mobilité des capitaux était restreinte par un dispositif de contrôle très étendu). Deux points de vue s'affrontèrent alors. Jacques Delors, ministre de l'Économie proposa une dévaluation immédiate du franc pour faire cesser toute attaque. Le Premier ministre, Pierre Mauroy, ne voulut pas « céder au marché », et il eut provisoirement gain de cause.

GRAPHIQUE 10. — FRANCE, ÉVOLUTION DU SOLDE DE LA BALANCE DES BIENS ET SERVICES, DE LA BALANCE COURANTE ET DE LA VARIATION DES RÉSERVES (en % du PIB)

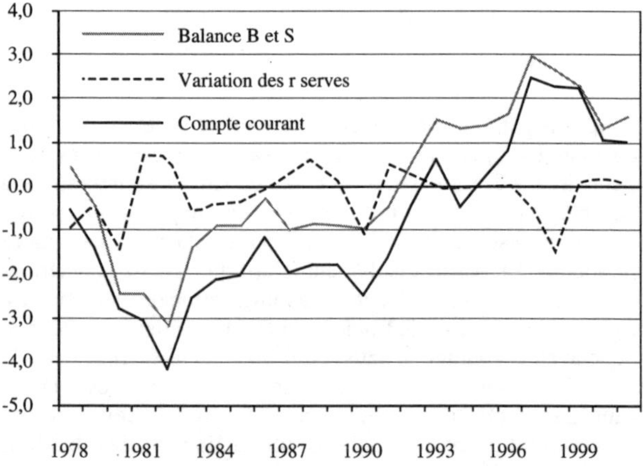

Rappel : une variation négative des réserves indique un accroissement.

Source : INSEE, *Séries longues, CHELEM*.

La première dévaluation fut décidée en octobre 1981, après que la Banque de France eut épuisé tous les moyens à sa disposition pour faire cesser les attaques contre le franc (taux d'intérêt, renforcement du contrôle des changes et utilisation « intensive » des réserves de change). Cette dévaluation ne fut pas suffisante. Les opérateurs sur le marché des changes étaient convaincus de la sortie prochaine de la France du Système monétaire européen (SME) et de la Communauté économique européenne à cause de l'accord de gouvernement entre le parti socialiste et le parti communiste (*Programme commun*). Les attaques continuèrent donc et le franc fut dévalué de 10 % par rapport au deutschemark en juin 1982. La dévaluation fut accompagnée par le gel des prix et des salaires jusqu'en octobre 1982, de nouveaux impôts, le ciblage du déficit budgétaire à 3 % du PIB et le gel de certaines dépenses publiques. Le terme d'« austérité » fit sa première apparition, qui prit tout son sens en 1983. Malgré toutes ces mesures, le franc fut dévalué une troisième et dernière fois en mars 1983 (8 % par rapport au deutschemark).

Cette période illustre bien la façon dont la contrainte extérieure a déterminé la politique économique nationale. En fait, après la deuxième dévaluation et les mesures d'austérité qui l'accompagnaient, deux solutions s'offraient à la France. La première, défendue notamment par Jean-Pierre Chevènement, alors ministre de l'Industrie, consistait à quitter le SME (créé en mars 1979), à abandonner les mesures d'austérité et à accroître les dépenses publiques pour relancer l'économie nationale. L'abandon du système de changes fixes et la mise en œuvre de mesures protectionnistes destinées à freiner les entrées de marchandises et les sorties de capitaux étaient supposés rétablir l'équilibre du compte courant. À l'opposé, Jacques Delors plaidait pour un renforcement des mesures d'austérité prises après la deuxième dévaluation de juin 1982. Son point de vue l'emporta ce qui mit fin à la politique de relance. Jean-Pierre Chevènement démissionna et fut remplacé par Laurent Fabius. La France prit alors le « tournant de la rigueur ».

Le choix de la politique de « franc fort »

À partir de 1983, la lutte contre l'inflation devint l'objectif principal de la politique économique. Pour ce faire, la France mit en œuvre une politique d'austérité, notamment par la limitation des dépenses publiques. Progressivement, cette politique est devenue la politique dite de « franc fort ». Blanchard et Muet [1993] soulignent que « ce n'est qu'avec le temps que la volonté de lutter contre la hausse des prix est devenue une philosophie et qu'on lui a donné le nom de “désinflation compétitive” ». Dès

1985, l'inflation française est pourtant revenue à un niveau compatible avec celles de ses partenaires européens (6 %). La politique de rigueur semblait donc avoir atteint l'objectif principal qui lui était assigné : la lutte contre la hausse des prix. Elle n'a pas permis de résoudre le problème du chômage. En outre, le franc fut dévalué deux nouvelles fois, en avril 1986 et en janvier 1987.

La balance courante retrouva (provisoirement) son équilibre en 1986 (graphique 10), mais ce résultat semble surtout imputable au contre-choc pétrolier de 1986. À partir de 1992, en revanche, les excédents de balance courante sont devenus structurels : cet excédent ne résulte plus d'un faible niveau d'importations lié à la faiblesse de l'activité. Au contraire, il a souvent été interprété comme le résultat positif de la « désinflation compétitive ».

La politique de « franc fort » reposait sur l'idée qu'une inflation inférieure à celle de ses partenaires commerciaux débouche sur un gain de compétitivité (« désinflation compétitive »). Jusque-là, la politique française avait consisté à procéder à des dévaluations périodiques pour compenser l'écart d'inflation avec nos partenaires. Or la dévaluation peut avoir des effets pervers, notamment en termes d'inflation importée. Les mesures adoptées pour réduire l'inflation comprenaient notamment la désindexation des salaires sur l'inflation (d'où le terme de politique de « rigueur »). En modérant la pression salariale, le gouvernement voulait limiter la croissance des coûts de production, permettant ainsi aux entreprises de vendre leur production relativement moins cher.

Cette restauration de la compétitivité entraîna souvent des licenciements. La montée du chômage participait à l'amélioration de la compétitivité car elle incitait à la modération salariale en réduisant le pouvoir de négociation des syndicats. Cette poussée du chômage était pensée comme temporaire, puisque l'amélioration de la compétitivité devait conduire à l'accroissement des exportations et donc à une demande de travail des entreprises plus importante. Comme l'écrit Fitoussi [1995], « cela revient à accepter plus de chômage aujourd'hui pour en avoir moins demain ».

Les choses ne se sont pas produites ainsi. Certes, l'inflation s'est fortement réduite et le solde de la balance des opérations courantes s'est considérablement et durablement amélioré (graphique 10). Cependant, Agénor et Bismut [1999] ont cherché à montrer que l'accumulation d'excédents de la balance courante depuis 1992-1993 ne serait pas imputable à une amélioration de la compétitivité des produits français mais résulterait plutôt de la dégradation des perspectives des ménages français concernant leurs revenus futurs, notamment du fait de la montée de leur endettement. Dans le même sens, Issop [2001] montre que le solde courant français est généralement relativement peu sensible aux modifications de prix relatifs. En outre, et en dépit de l'amélioration du compte courant et de la diminution de l'inflation, la baisse du chômage n'a pas eu lieu.

L'échec de la politique de relance et le choix de la politique de désinflation compétitive illustrent bien les contraintes qui pèsent sur la mise en œuvre d'une politique économique en économie ouverte. Tout déficit durable du compte courant alimenté, par exemple, par un accroissement des dépenses publiques peut provoquer des attaques spéculatives contre la monnaie nationale en changes fixes et donc forcer la banque centrale à accepter la dévaluation. Un tel écueil peut pourtant être évité si les différents pays partenaires mettent en œuvre des politiques coordonnées. L'échec de la politique de relance en 1981 s'explique aussi par le fait que les principaux partenaires commerciaux (et notamment l'Allemagne) ont adopté des politiques de rigueur destinées à juguler l'inflation au moment où la France choisissait d'accroître ses dépenses publiques. Dès lors, la réduction des importations des partenaires et l'accroissement des importations domestiques ne pouvaient conduire qu'à un accroissement du déficit de la balance courante française.

Conclusion

La balance des paiements fournit une information cohérente dans un cadre comptable d'équilibre entre ressources et emplois. La révision des règles d'élaboration de la BP en 1993 constitue un remarquable pas en avant, en ce sens qu'il n'existe plus désormais de différence notable avec la comptabilité nationale. Cette cohérence formelle est un avantage considérable, même si la comparaison des balances des paiements au niveau mondial met en lumière les lacunes de la collecte et du traitement de l'information.

C'est une théorie économique, le mercantilisme, qui a poussé à la construction des BP. La production d'informations qui en a résulté a modifié la façon d'appréhender les relations économiques internationales, ouvrant la voie à l'intégration de l'analyse des flux extérieurs, de la monnaie et des prix. Toutefois, la réflexion est longtemps restée dominée par la référence aux parités fixes, référence dans laquelle s'inscrivent les statuts du FMI.

La situation actuelle est marquée par une modification en profondeur de la structure des flux internationaux, que l'on désigne par « mondialisation ». Les marchés internationaux sont de plus en plus interconnectés, les relations entre eux de plus en plus complexes, les réactions de plus en plus rapides. Les transactions sur les marchés des changes se déconnectent de plus en plus des flux « réels ». La nomenclature de la BP en prend acte à sa façon, en multipliant les catégories de flux de capitaux. Par ailleurs, la libéralisation des transactions entre résidents et non-résidents réduit la pertinence de certaines notions. Il y a une vingtaine d'années, par exemple, les réserves de change étaient essentiellement détenues par les banques centrales. Aujourd'hui, la détention d'avoirs en devises se généralise, et la notion de réserve de change devient un peu floue.

Les théories économiques qui permettent la lecture et l'interprétation des données de la BP se modifient aussi. Le modèle de Mundell-Fleming reste le pilier central des interprétations des évolutions décrites par les BP. Mais l'importance croissante des stocks et encours par rapport aux flux rend nécessaire une approche plus globale. Cela permettrait de mieux tenir compte des réallocations de portefeuille et des effets de richesse et d'endettement au niveau international. L'élaboration de BP en termes d'encours (ou positions extérieures) devrait améliorer la connaissance empirique de ces phénomènes, mais pose des problèmes méthodologiques épineux.

Depuis l'origine, la BP renvoie à la notion de nation, de puissance du prince, ou, de manière plus moderne, à la notion de contrainte extérieure. Le dépassement de la nation, par exemple dans le cadre des unions monétaires, remet en cause l'utilité de la BP. Plus profondément, la BP se trouve mise en cause comme guide pour la politique économique par le développement d'une économie qui n'est plus internationale, sans être vraiment multinationale. Le développement des firmes transnationales a d'abord retenu l'attention ; l'extension des marchés financiers internationaux est maintenant au centre des débats. Il est désormais possible de se procurer auprès d'eux des masses de capitaux considérables, ce qui relâche la contrainte extérieure. Mais leur fonctionnement moutonnier, générateur de bulles spéculatives, pose de nouveaux problèmes et rend nécessaire le développement des moyens d'information.

Repères bibliographiques

AGÉNOR P. R. et C. BISMUT, « Pourquoi la France accumule-t-elle des surplus de balance courante ? », *Revue française d'économie*, juin 1999, p. 61-105.

AGLIETTA M., *Macroéconomie financière*, La Découverte, coll. « Repères », n° 307, 2001, p. 308.

BANQUE CENTRALE EUROPÉENNE, *Bulletin mensuel*, juin 2002, disponible aussi sur le site Internet de la BCE.

BÉRAUD A.,, *Introduction à l'analyse macroéconomique*, 4e édition, Economica, 1999.

BLANCHARD O. J et MUET P. A., « Competitiveness through disinflation : an assessement of the French macroeconomic strategy », *Economic Policy*, avril 1993, p. 12-56.

BOYCE J. et NDIKUMANA L. (2001), « Is Africa a net creditor ? New estimates of capital flight from severely indebted Sub-Saharan African countries, 1970-96 », *Journal of Development Studies*, vol. 38, n° 2, p. 27-56.

BYÉ M. et DESTANNE DE BERNIS G., *Relations économiques internationales*, I. *Échanges internationaux*, Dalloz, 4e édition, 1977.

CAHUC P., *La Nouvelle Microéconomie*, La Découverte, coll. « Repères », n° 126, 1998.

DE GRAUWE P., *Économie de l'intégration monétaire*, coll. « Balises », Ouvertures économiques, 3e édition, 1999.

FITOUSSI J.-P., *Le Débat interdit*, Arlea, 1995.

FMI, *Manuel de la balance des paiements*, Washington D.C., 1993.

FMI, *Guide pour l'établissement des statistiques de la balance des paiements*, Washington D.C., 1995.

FMI et IDA, *Burkina Faso, Enhanced Heavily Indebted Poor Countries (HIPC) Initiative Completion Point Document*, 28 mars, Washington, D.C., 2002.

GUILLOCHON B., *Économie internationale*, 3e édition, Dunod, 2001.

IMF, *Balance of Payments Yearbook*, Washington D.C. Un annuaire qui publie régulièrement les données sur l'ensemble des balances des paiements des pays membres (disponibles aussi dans une version résumée dans la revue du FMI *Statistiques financières internationales*) (annuel).

IMLAH A.-H., *Economic Elements in the Pax Britannica, Studies in British Foreign Trade in the Nineteenth Century*, Harvard University Press, 1958.

INSTITUT DU FMI, *Programmation financière : méthode et application à la Tunisie*, FMI, Washington D.C., 1999.

ISSOP Z. M., « Choc des termes de l'échange et balance courante. Une estimation des effets de substitution en France (1972-1998) », *Économie internationale*, n° 86, 2T, 2001, p. 27-45.

JACQUES J.-F. et REBEYROL A., *Croissance et fluctuations*, Dunod, 2001.

JÉGOUREL Y., *La Taxe Tobin*, La Découverte, « Repères », n° 337, 2002.

KNIGHT M. et SCACCIAVILLANI F., « Current account : what is their relevance for economic policymaking ? », *IMF Working Paper*, 98/71, mai 1998.

KOENIG G., *Macroéconomie internationale*, Economica, 1997.

KRUGMAN P. et OBSTFELD M., *Économie internationale*, 3e édition, Éditions De Boeck Université, coll. « Ouvertures économiques », 2001.

LELART M., *Le Système monétaire international*, La Découverte, coll. « Repères », n° 97, 2000.

LENAIN P., *Le FMI*, La Découverte, coll. « Repères », 3e édition, n° 133, 2002.

LESSARD D. et WILLIAMSON J., *Capital Flight and Third World Debt*, Institute for International Economics, Washington D.C., 1987.

MEFI (ministère de l'Économie, des Finances et de l'Industrie) et Banque de France, *Balance des paiements et position extérieure* (annuel).

MUCCHELLI J.-L., *Les Firmes multinationales : mutations et nouvelles perspectives*, Economica, 1985.

OBSTFELD M. et ROGOFF K., *Foundations of International Macroeconomics*, The MIT Press, Cambridge, Massachusetts, 1996.

PARENT A., *Balance des paiements et politiques économiques. Quelles marges de manœuvre pour la France ?*, Nathan, 1996.

PIRIOU J.-P., *La Comptabilité nationale*, La Découverte, coll. « Repères », n° 57, 2003.

PLIHON D., *Les Taux de change*, La Découverte, coll. « Repères », n° 103, 2001.

POLAK J., « Monetary Analysis of Income Formation and Payments Problems », *Staff Papers*, International Monetary Fund, vol. 37, mars 1957.

POLAK J., *The IMF Monetary Model at Forty*, International Monetary Fund WP/97/49, 1997.

RABAUD I., « Les causes du désajustement de la balance courante mondiale : un réexamen », *in* ARCHAMBAULT E. et BOEDA M. (éd.), *Comptabilité nationale, nouvelles frontières*, Economica, 1999, p. 135-146.

RAZIN A., « The dynamic-Optimizing Approach to the Current Account : Theory and Evidence », chap. 5 *in* KENEN (éd.), *Understanding Interdependance : the macroeconomics of the open economy*, Princeton University Press, Princeton N.J., 1995.

SACHS J. et WYPLOSZ C., « The economic consequences of President Mitterrand », *Economic Policy*, avril 1986, p. 262-322.

SGARD J., *L'Économie de la panique, faire face aux crises financières*, La Découverte, coll. « Textes à l'appui », 2002.

STIGLITZ J., *La Grande Désillusion*, Fayard, 2002.

VANOLI A., *Une histoire de la comptabilité nationale*, La Découverte, coll. « Repères », 2002.

Weiller J., *La Balance des paiements*, PUF, 1968.

Index

Absorption, 37
Actions, 10
Alexander, 37
Allemagne, 67, 68
Amortissements, 25
Approche monétaire de la BP, 72-74
Arriérés, 23, 30
Autres investissements, 29
Aversion vis-à-vis du risque (voir Neutralité au risque)
Avoirs extérieurs nets (voir Réserves de change)
Balance (voir Solde)
Balance commerciale, 20
Balance courante, 20, 52, 64
Balance de base, 24
Balance des biens et services, 9, 20
Balance des opérations financières, 10, 26, 59
Balance des revenus, 10, 23
Balance des transferts courants, 10, 25
Balance des services, 21
Balance globale, 8, 15, 20, 64, 65
Banque centrale, 81, 84
Base monétaire, 81
Burkina Faso, 41-46
Chocs, 90
Chocs externes, 99, 104
Chocs permanents, transitoires, 76-77
Chômage involontaire, 93
Comportement de marge, 57, 58
Comptabilité en partie double, 14
Compte courant (voir Balance courante)
Compte de capital, 10, 26
Compétitivité, 9, 53, 54, 55
Courbe en J, 57-58
Crédit / débit, 7, 11
Crise asiatique, 87
Crise de balance des paiements, 86-87
Déficits jumeaux, 37
Dépréciation, appréciation, 66
Dévaluation, réévaluation, 66
Désinflation compétitive, 111
Dette extérieure, 13, 35, 42-49
Diversification de portefeuille, 62
Dividendes, 10, 24
Dividendes réinvestis, 28
DOM, 38
DTS, 30
Écart statistique mondial (voir Incohérences internationales)
Effet volume, 56, 58
Effet prix, 56, 58
Élasticités critiques, 56
Élasticité prix des exports, des imports, 56, 59
Enregistrement, 23
Équilibre « économique » de la balance des paiements, 65
Équilibre de flux, 106
Équilibre de stocks, 67, 74, 106
Équilibre sur le marché des changes, 65
Erreurs et omissions, 12, 19, 27, 30
États-Unis, 37, 68-69, 70
Fab/Caf ou Fob/Cif, 22
Financement exceptionnel, 29
Flux et stocks, 13

France, 105-113
BP, 15, 21, 27
Fuite des capitaux, 35, 86, 89
Hume, David, 78
Incohérences internationales, 33
Intérêts, 10, 23, 43
Interventions de la banque centrale, 80
Investissements de portefeuille, 28
Investissements directs, 28, 39, 62
Invisibles, 24
Lecture par le haut, par le bas, 71
Japon, 68
Marshall-Lerner (voir Élasticités critiques)
Masse monétaire endogène, 83-84
Méthodologie d'élaboration de la BP, 18
Mill, Stuart, 78
Mobilité internationale des capitaux, 62
Modèle de Mundell-Fleming, 91
Modèle keynésien en économie ouverte (voir Mundell-Fleming)
Mouvements internationaux de capitaux, 10, 26
Négoce, 22
Neutralité au risque, 60-61
Obligations, 10, 28
Or (commercial, monétaire), 29, 78
Parité des taux d'intérêt, 60
Partage volume/prix, 39
Petit pays, 91, 105
Polak, 72
Politique budgétaire, 98, 102, 108
Politique de franc fort, 107,111
Politique de relance, 108-109
Politique de rigueur, 105, 111
Politique monétaire, 97, 101
Position extérieure, 30
Prêts (voir Autres investissements)
Principal (voir aussi Amortissements), 26
Prime de risque, 62
Produits financiers dérivés, 29
Réserves officielles de change, 9, 11, 14, 29, 64, 65, 86
Résidents, non résidents, 7
Ressources / emplois, 7
Rigidité des prix, 92
Rigidité des salaires, 92
Royaume Uni, 78, 79
Services facteurs et non facteurs, 24
SME, 102, 111
Service de la dette, 25
Solde, 8
Solde global (voir Balance globale)
Solvabilité, 46
Soutenabilité de la dette extérieure, 46
Stérilisation, 85
Surévaluation du taux de change, 79
Taux de change (fixe / flexible), 66
Taux de change nominal, 53, 66
Taux de change réel, 53
Taux de change effectif réel, 53
Taux de couverture, 39
Théorème ricardien d'équivalence, 103
TOM, 7
Tourisme (voir Voyages)
Voyages, 22
Zone euro, 6
BP, 8

Table des matières

Introduction 3

I / La logique d'ensemble de la balance des paiements 6

1. La balance des paiements en flux : débits et crédits 6

2. Une présentation condensée des flux 11

3. Flux et stocks (ou encours) 13

4. Une comptabilité en partie double ? 14

5. La balance des paiements française 15

Encadrés : Économie, résidents et non-résidents, 7. – Les réserves de change, 9. – Faut-il encore élaborer une balance des paiements française ?, 17.

II / Lire la balance des paiements 18

1. La balance courante (ou compte courant) 20

La balance des biens et services 20

La balance commerciale (BC) 20

La balance des services 21

La balance des revenus 23

La balance des transferts courants 25

2. Le compte de capital et des opérations financières . 26

Le compte de capital 26

Le compte des opérations financières 26

Les avoirs de réserve (variation) 29

3. La position extérieure 30

4. La balance des paiements comme système d'information 32

Le traitement de l'information 33

Le problème des incohérences internationales 33

Incohérences statistiques et mesure de la fuite des capitaux 35

Le rapprochement avec les comptes nationaux 36

Identités comptables : BP et comptes nationaux 36

Balance des paiements et comptabilité nationale : la situation française 38

L'apport de la CN pour l'analyse : le partage volume/prix 39

Encadrés : Valeurs FAB et CAF, 22. – Les principes d'enregistrement, 23. – Les invisibles ont disparu ! Les services facteurs et non facteurs aussi ! Les capitaux à court et long terme aussi ! La balance de base aussi !, 24. – Le service de la dette extérieure, 25. – Les droits de tirage spéciaux (DTS), 30. – Épargne privée, épargne publique : le déficit de la balance courante des États-Unis et les « déficits jumeaux », 37.

III / Dynamique des balances des paiements et soutenabilité de la dette extérieure 41

1. Un exemple de dynamique de la balance des paiements : le cas du Burkina Faso 42

2. L'analyse de la soutenabilité : le modèle de base de la dette extérieure 46

3. Les limites du modèle de base 49

Encadré : La théorie des stades de la balance des paiements, 42.

IV / L'analyse économique de la balance des paiements 51

1. La balance courante 52

2. Les flux financiers : la balance des opérations financières 59

Les déterminants des flux de capitaux de court terme 59

Les mouvements de capitaux privés de moyen et long terme 62

3. Les réserves officielles de change 64

4. L'équilibre économique de la balance des paiements 64

La notion d'équilibre économique de la BP 65

Excédent de la balance des transactions courantes et déficit de la balance des opérations financières 67

Déficit de la balance courante et excédent de la balance des opérations financières 68

Encadrés : Le théorème des élasticités critiques, 56. – La « courbe en J », 58. – Parité des taux d'intérêt nominaux et aversion au risque, 60. – Taux de change flexibles et taux de change fixes, 66.

V / Les processus de retour à l'équilibre de la balance des paiements 71
1. Lecture « par le haut » ou lecture « par le bas » ? . 71
2. L'approche monétaire de la balance des paiements (AMBP) et son utilisation par le FMI 72
3. L'impact du système de change sur les mécanismes de retour à l'équilibre de la BP 74
L'équilibrage en changes flexibles : le rôle des variations du taux de change 75
L'équilibrage en changes fixes : le rôle des variations de la masse monétaire nationale ... 77
Encadrés : Le modèle de Polak, 73. – Un exemple de crise de balance des paiements : la Thaïlande et la crise financière du Sud-Est asiatique (1997), 87.

VI / Balance des paiements, politiques économiques et chocs externes 90
1. Un cadre d'analyse : le modèle de Mundell-Fleming 91
Un modèle de type keynésien 91
Politiques économiques et chocs externes en changes flexibles 97
Politiques économiques et chocs externes en changes fixes 101
2. Une « petite économie » face à la contrainte extérieure : l'exemple de la France 105
L'échec de la relance de 1981-1983 108
Le choix de la politique de « franc fort » 111
Encadrés : L'équilibre keynésien en économie ouverte : le modèle de Mundell-Fleming (ou « IS-LM-BP »), 95. – Équilibre de flux et équilibre de stocks, 106.

Conclusion 114

Repères bibliographiques 116

Index 118

Table des graphiques et tableaux

Tableaux :

1. Balance des paiements de la zone euro 8
2. Balance des paiements de la ZE : présentation en colonnes (1999-2002) 11
3. Balance des paiements de la France, 2001 16
4. Balance des paiements française 21
5. Balance des paiements française : compte de capital et compte financier 27
6. Position extérieure de la France, encours en fin d'année 31
7. Différences d'enregistrement du commerce extérieur en France (BP et CN) 38
8. Projection de la balance des paiements du Burkina Faso 44
9. Indicateurs de compétitivité en 2000 55
10. Exemples d'élasticités prix des exportations et des importations 59
11. Bilan simplifié de la banque centrale 81
12. Situation financière consolidée de l'Eurosystème au 28 février 2003 82

Graphiques :

1. Écart statistique mondial de 1984 à 2001 34
2. Burkina Faso, projection du ratio dette/exportations 45
3. Taux de change effectifs réels (1975 = 100) 54
4. La courbe en « J » 58
5. États-Unis, évolution du solde de la balance courante 70
6. Thaïlande : exportations, importations et balance courante 87
7. Thaïlande : opérations financières (nettes) avec l'extérieur 88
8. Thaïlande : dette extérieure et réserves 89
9. France, exportations et importations de biens et services en % du PIB 109
10. France, évolution du solde de la balance des biens et services, de la balance courante et de la variation des réserves 110

Collection

R E P È R E S

dirigée par
JEAN-PAUL PIRIOU

avec BERNARD COLASSE, PASCAL COMBEMALE, FRANÇOISE DREYFUS, HERVÉ HAMON, DOMINIQUE MERLLIÉ, CHRISTOPHE PROCHASSON *et* MICHEL RAINELLI

Affaire Dreyfus (L'), n° 141, Vincent Duclert.
Aménagement du territoire (L'), n° 176, Nicole de Montricher.
Analyse financière de l'entreprise (L'), n° 153, Bernard Colasse.
Archives (Les), n° 324, Sophie Cœuré et Vincent Duclert.
Argumentation dans la communication (L'), n° 204, Philippe Breton.
Balance des paiements (La), n° 359, Marc Raffinot, Baptiste Venet.
Bibliothèques (Les), n° 247, Anne-Marie Bertrand.
Bourse (La), n° 317, Daniel Goyeau et Amine Tarazi.
Budget de l'État (Le), n° 33, Maurice Baslé.
Calcul des coûts dans les organisations (Le), n° 181, Pierre Mévellec.
Calcul économique (Le), n° 89, Bernard Walliser.
Capitalisme financier (Le), n° 356, Laurent Batsch.
Capitalisme historique (Le), n° 29, Immanuel Wallerstein.
Catégories socioprofessionnelles (Les), n° 62, Alain Desrosières et Laurent Thévenot.
Catholiques en France depuis 1815 (Les), n° 219, Denis Pelletier.
Chômage (Le), n° 22, Jacques Freyssinet.
Chronologie de la France au XXe siècle, n° 286, Catherine Fhima.
Collectivités locales (Les), n° 242, Jacques Hardy.
Commerce international (Le), n° 65, Michel Rainelli.
Comptabilité anglo-saxonne (La), n° 201, Peter Walton.
Comptabilité en perspective (La), n° 119, Michel Capron.
Comptabilité nationale (La), n° 57, Jean-Paul Piriou.
Concurrence imparfaite (La), n° 146, Jean Gabszewicz.
Conditions de travail (Les), n° 301, Michel Gollac et Serge Volkoff.
Consommation des Français (La) : **1.** n° 279 ; **2.** n° 280, Nicolas Herpin et Daniel Verger.
Constitutions françaises (Les), n° 184, Olivier Le Cour Grandmaison.
Contrôle budgétaire (Le), n° 340, Nicolas Berland.
Construction européenne (La), n° 326, Guillaume Courty et Guillaume Devin.
Contrôle de gestion (Le), n° 227, Alain Burlaud, Claude J. Simon.
Cour des comptes (La), n° 240, Rémi Pellet.
Coût du travail et emploi, n° 241, Jérôme Gautié.
Critique de l'organisation du travail, n° 270, Thomas Coutrot.
Culture de masse en France (La) : **1. 1860-1930**, n° 323, Dominique Kalifa.
Décentralisation (La), n° 44, Xavier Greffe.
Démocratisation de l'enseignement (La), n° 345, Pierre Merle.
Démographie (La), n° 105, Jacques Vallin.
Dette des tiers mondes (La), n° 136, Marc Raffinot.
Développement économique de l'Asie orientale (Le), n° 172, Éric Bouteiller et Michel Fouquin.
DOM-TOM (Les), n° 151, Gérard Belorgey et Geneviève Bertrand.
Droit de la famille, n° 239, Marie-France Nicolas-Maguin.
Droits de l'homme (Les), n° 333, Danièle Lochak.
Droit du travail (Le), n° 230, Michèle Bonnechère.
Droit international humanitaire (Le), n° 196, Patricia Buirette.
Droit pénal, n° 225, Cécile Barberger.
Économie bancaire, n° 268, Laurence Scialom.
Économie britannique depuis 1945 (L'), n° 111, Véronique Riches.
Économie de l'Afrique (L'), n° 117, Philippe Hugon.
Économie de l'automobile, n° 171, Jean-Jacques Chanaron et Yannick Lung.
Économie de l'environnement, n° 252, Pierre Bontems et Gilles Rotillon.
Économie de l'euro, n° 336, Agnès Benassy-Quéré et Benoît Cœuré.
Économie française 2003 (L'), n° 357, OFCE.
Économie de l'innovation, n° 259, Dominique Guellec.
Économie de l'Italie (L'), n° 175, Giovanni Balcet.
Économie de la connaissance (L'), n° 302, Dominique Foray.
Économie de la culture (L'), n° 192, Françoise Benhamou.

Économie de la drogue (L'), n° 213, Pierre Kopp.
Économie de la presse, n° 283, Patrick Le Floch et Nathalie Sonnac.
Économie de la réglementation (L'), n° 238, François Lévêque.
Économie de la RFA (L'), n° 77, Magali Demotes-Mainard.
Économie des États-Unis (L'), n° 341, Hélène Baudchon et Monique Fouet.
Économie des fusions et acquisitions, n° 362, Nathalie Coutinet et Dominique Sagot-Duvauroux.
Économie des inégalités (L'), n° 216, Thomas Piketty.
Économie des organisations (L'), n° 86, Claude Menard.
Économie des relations interentreprises (L'), n° 165, Bernard Baudry.
Économie des réseaux, n° 293, Nicolas Curien.
Économie des ressources humaines, n° 271, François Stankiewicz.
Économie du droit, n° 261, Thierry Kirat.
Économie du Japon (L'), n° 235, Évelyne Dourille-Feer.
Économie du sport (L'), n° 309, Jean-François Bourg et Jean-Jacques Gouguet.
Économie et écologie, n° 158, Frank-Dominique Vivien.
Économie informelle dans le tiers monde (L'), n° 155, Bruno Lautier.
Économie marxiste du capitalisme, n° 349, Gérard Duménil et Dominique Lévy.
Économie mondiale 2004 (L'), n° 371, CEPII.
Économie mondiale des matières premières (L'), n° 76, Pierre-Noël Giraud.
Économie sociale (L'), n° 148, Claude Vienney.
Emploi en France (L'), n° 68, Dominique Gambier et Michel Vernières.
Employés (Les), n° 142, Alain Chenu.
Ergonomie (L'), n° 43, Maurice de Montmollin.
Éthique dans les entreprises (L'), n° 263, Samuel Mercier.
Éthique économique et sociale, n° 300, Christian Arnsperger et Philippe Van Parijs.
Étudiants (Les), n° 195, Olivier Galland et Marco Oberti.
Évaluation des politiques publiques (L'), n° 329, Bernard Perret.
FMI (Le), n° 133, Patrick Lenain.
Fonction publique (La), n° 189, Luc Rouban.
Formation professionnelle continue (La), n° 28, Claude Dubar.
France face à la mondialisation (La), n° 248, Anton Brender.
Front populaire (Le), n° 342, Frédéric Monier.
Gouvernance de l'entreprise (La), n° 358, Roland Perez.
Grandes économies européennes (Les), n° 256, Jacques Mazier.
Guerre froide (La), n° 351, Stanislas Jeannesson.
Histoire de l'administration, n° 177, Yves Thomas.
Histoire de l'Algérie coloniale, 1830-1954, n° 102, Benjamin Stora.
Histoire de l'Algérie depuis l'indépendance,
1. 1962-1988, n° 316, Benjamin Stora.
Histoire de l'Europe monétaire, n° 250, Jean-Pierre Patat.
Histoire du féminisme, n° 338, Michèle Riot-Sarcey.
Histoire de l'immigration, n° 327, Marie-Claude Blanc-Chaléard.
Histoire de l'URSS, n° 150, Sabine Dullin.
Histoire de la guerre d'Algérie, 1954-1962, n° 115, Benjamin Stora.
Histoire de la philosophie, n° 95, Christian Ruby.
Histoire de la société de l'information, n° 312, Armand Mattelart.
Histoire de la sociologie :
1. Avant 1918, n° 109,
2. Depuis 1918, n° 110,
Charles-Henry Cuin et François Gresle.
Histoire des États-Unis depuis 1945 (L'), n° 104, Jacques Portes.
Histoire des idées politiques en France au XIXe siècle, n° 243, Jérôme Grondeux.
Histoire des idées socialistes, n° 223, Noëlline Castagnez.
Histoire des théories de l'argumentation, n° 292, Philippe Breton et Gilles Gauthier.
Histoire des théories de la communication, n° 174, Armand et Michèle Mattelart.
Histoire du Maroc depuis l'indépendance, n° 346, Pierre Vermeren.
Histoire du Parti communiste français, n° 269, Yves Santamaria.
Histoire du parti socialiste, n° 222, Jacques Kergoat.
Histoire du radicalisme, n° 139, Gérard Baal.
Histoire du travail des femmes, n° 284, Françoise Battagliola.
Histoire politique de la IIIe République, n° 272, Gilles Candar.
Histoire politique de la IVe République, n° 299, Éric Duhamel.
Histoire sociale du cinéma français, n° 305, Yann Darré.
Industrie française (L'), n° 85, Michel Husson et Norbert Holcblat.

Inflation et désinflation, n° 48, Pierre Bezbakh.
Insécurité en France (L'), n° 353, Philippe Robert.
Introduction à Keynes, n° 258, Pascal Combemale.
Introduction à l'économie de Marx, n° 114, Pierre Salama et Tran Hai Hac.
Introduction à l'histoire de la France au XXe siècle, n° 285, Christophe Prochasson.
Introduction à la comptabilité d'entreprise, n° 191, Michel Capron et Michèle Lacombe-Saboly.
Introduction à la macroéconomie, n° 344, Anne Épaulard et Aude Pommeret.
Introduction à la microéconomie, n° 106, Gilles Rotillon.
Introduction à la philosophie politique, n° 197, Christian Ruby.
Introduction au droit, n° 156, Michèle Bonnechère.
Introduction aux *Cultural Studies*, n° 363, Armand Mattelart et Érik Neveu.
Introduction aux sciences de la communication, n° 245, Daniel Bougnoux.
Introduction aux théories économiques, n° 262, Françoise Dubœuf.
Islam (L'), n° 82, Anne-Marie Delcambre.
Jeunes (Les), n° 27, Olivier Galland.
Jeunes et l'emploi (Les), n° 365, Florence Lefresne.
Judaïsme (Le), n° 203, Régine Azria.
Justice en France (La), n° 116, Dominique Vernier.
Lexique de sciences économiques et sociales, n° 202, Jean-Paul Piriou.
Libéralisme de Hayek (Le), n° 310, Gilles Dostaler.
Macroéconomie. Investissement (L'), n° 278, Patrick Villieu.
Macroéconomie. Consommation et épargne, n° 215, Patrick Villieu.
Macroéconomie financière :
1. **Finance, croissance et cycles**, n° 307,
2. **Crises financières et régulation monétaire**, n° 308, Michel Aglietta.
Management de la qualité (Le), n° 315, Michel Weill.
Management international (Le), n° 237, Isabelle Huault.
Marchés du travail en Europe (Les), n° 291, IRES.
Mathématiques des modèles dynamiques, n° 325, Sophie Jallais.
Médias en France (Les), n° 374, Jean-Marie Charon.
Méthode en sociologie (La), n° 194, Jean-Claude Combessie.
Méthodes de l'intervention psychosociologique (Les), n° 347, Gérard Mendel et Jean-Luc Prades.
Méthodes en sociologie (Les) : l'observation, n° 234, Henri Peretz.
Méthodologie de l'investissement dans l'entreprise, n° 123, Daniel Fixari.
Métiers de l'hôpital (Les), n° 218, Christian Chevandier.
Microéconomie des marchés du travail, n° 354, Pierre Cahuc, André Zylberberg.
Mobilité sociale (La), n° 99, Dominique Merllié et Jean Prévot.
Modèle japonais de gestion (Le), n° 121, Annick Bourguignon.
Modèles productifs (Les), n° 298, Robert Boyer et Michel Freyssenet.
Modernisation des entreprises (La), n° 152, Danièle Linhart.
Mondialisation de la culture (La), n° 260, Jean-Pierre Warnier.
Mondialisation de l'économie (La) :
1. **Genèse**, n° 198,
2. **Problèmes**, n° 199, Jacques Adda.
Mondialisation et l'emploi (La), n° 343, Jean-Marie Cardebat.
Monnaie et ses mécanismes (La), n° 295, Dominique Plihon.
Multinationales globales (Les), n° 187, Wladimir Andreff.
Notion de culture dans les sciences sociales (La), n° 205, Denys Cuche.
Nouveau capitalisme (Le), n° 370, Dominique Plihon.
Nouvelle économie (La), n° 303, Patrick Artus.
Nouvelle économie chinoise (La), n° 144, Françoise Lemoine.
Nouvelle histoire économique de la France contemporaine :
1. **L'économie préindustrielle (1750-1840)**, n° 125, Jean-Pierre Daviet.
2. **L'industrialisation (1830-1914)**, n° 78, Patrick Verley.
3. **L'économie libérale à l'épreuve (1914-1948)**, n° 232, Alain Leménorel.
4. **L'économie ouverte (1948-1990)**, n° 79, André Gueslin.
Nouvelle microéconomie (La), n° 126, Pierre Cahuc.
Nouvelle théorie du commerce international (La), n° 211, Michel Rainelli.
Nouvelles théories de la croissance (Les), n° 161, Dominique Guellec et Pierre Ralle.
Nouvelles théories du marché du travail (Les), n° 107, Anne Perrot.
ONU (L'), n° 145, Maurice Bertrand.
Organisation mondiale du commerce (L'), n° 193, Michel Rainelli.
Outils de la décision stratégique (Les) :
1 : Avant 1980, n° 162,
2 : Depuis 1980, n° 163, José Allouche et Géraldine Schmidt.
Personnes âgées (Les), n° 224, Pascal Pochet.

Philosophie de Marx (La), n° 124, Étienne Balibar.
Pierre Mendès France, n° 157, Jean-Louis Rizzo.
Politique de la concurrence (La), n° 339, Emmanuel Combe.
Politique de la famille (La), n° 352, Jacques Commaille, Pierre Strobel et Michel Villac.
Politiques de l'emploi et du marché du travail (Les), n° 373, DARES.
Politique étrangère de la France depuis 1945 (La), n° 217, Frédéric Bozo.
Politique financière de l'entreprise (La), n° 183, Christian Pierrat.
Population française (La), n° 75, Jacques Vallin.
Population mondiale (La), n° 45, Jacques Vallin.
Postcommunisme en Europe (Le), n° 266, François Bafoil.
Presse des jeunes (La), n° 334, Jean-Marie Charon.
Presse magazine (La), n° 264, Jean-Marie Charon.
Presse quotidienne (La), n° 188, Jean-Marie Charon.
Protection sociale (La), n° 72, Numa Murard.
Protectionnisme (Le), n° 322, Bernard Guillochon.
Protestants en France depuis 1789 (Les), n° 273, Rémi Fabre.
Psychanalyse (La), n° 168, Catherine Desprats-Péquignot.
Quel avenir pour nos retraites ?, n° 289, Gaël Dupont et Henri Sterdyniak.
Question nationale au XIXe siècle (La), n° 214, Patrick Cabanel.
Régime de Vichy (Le), n° 206, Marc Olivier Baruch.
Régime politique de la Ve République (Le), n° 253, Bastien François.
Régimes politiques (Les), n° 244, Arlette Heymann-Doat.
Régionalisation de l'économie mondiale (La), n° 288, Jean-Marc Siroën.
Revenu minimum garanti (Le), n° 98, Chantal Euzéby.
Revenus en France (Les), n° 69, Yves Chassard et Pierre Concialdi.
Santé des Français (La), n° 330, Haut comité de la santé publique.
Sciences de l'éducation (Les), n° 129, Éric Plaisance et Gérard Vergnaud.
Sexualité en France (La), n° 221, Maryse Jaspard.
Société du risque (La), n° 321, Patrick Peretti Watel.
Socio-économie des services, n° 369, Jean Gadrey.
Sociologie de Durkheim (La), n° 154, Philippe Steiner.
Sociologie de Georg Simmel (La), n° 311, Frédéric Vandenberghe.
Sociologie de l'architecture, n° 314, Florent Champy.
Sociologie de l'art, n° 328, Nathalie Heinich.
Sociologie de l'éducation, n° 169, Marlaine Cacouault et Françoise Œuvrard.
Sociologie de l'emploi, n° 132, Margaret Maruani et Emmanuèle Reynaud.
Sociologie de l'immigration, n° 364, Andrea Rea et Maryse Tripier.
Sociologie de l'organisation sporti•e, n° 281, William Gasparini.
Sociologie de la bourgeoisie, n° 294, Michel Pinçon et Monique Pinçon-Charlot.
Sociologie de la consommation, n° 319, Nicolas Herpin.
Sociologie de la négociation, N° 350, Reynald Bourque et Christian Thuderoz.
Sociologie de la prison, n° 318, Philippe Combessie.
Sociologie de Marx (La), n° 173, Jean-Pierre Durand.
Sociologie de Norbert Elias (La), n° 233, Nathalie Heinich.
Sociologie des cadres, n° 290, Paul Bouffartigue et Charles Gadea.
Sociologie des entreprises, n° 210, Christian Thuderoz.
Sociologie des mouvements sociaux, n° 207, Erik Neveu.
Sociologie des organisations, n° 249, Lusin Bagla.
Sociologie des publics, n° 366, Jean-Pierre Esquenazi.
Sociologie des relations internationales, n° 335, Guillaume Devin.
Sociologie des relations professionnelles, n° 186, Michel Lallement.
Sociologie des syndicats, n° 304, Dominqiue Andolfatto et Dominique Labbé.
Sociologie du chômage (La), n° 179, Didier Demazière.
Sociologie du conseil en management, n° 368, Michel Villette.
Sociologie du droit, n° 282, Évelyne Séverin.
Sociologie du journalisme, n° 313, Erik Neveu.
Sociologie du sida, n° 355, Claude Thiaudière.
Sociologie du sport, n° 164, Jacques Defrance.
Sociologie du travail (La), n° 257, Sabine Erbès-Seguin.
Sociologie économique (La), n° 274, Philippe Steiner.
Sociologie historique du politique, n° 209, Yves Déloye.

Sociologie de la ville, n° 331, Yankel Fijalkow.
Sociologie et anthropologie de Marcel Mauss, n° 360, Camille Tarot.
Sondages d'opinion (Les), n° 38, Hélène Meynaud et Denis Duclos.
Stratégies des ressources humaines (Les), n° 137, Bernard Gazier.
Syndicalisme en France depuis 1945 (Le), n° 143, René Mouriaux.
Syndicalisme enseignant (Le), n° 212, Bertrand Geay.
Système éducatif (Le), n° 131, Maria Vasconcellos.
Système monétaire international (Le), n° 97, Michel Lelart.
Taux de change (Les), n° 103, Dominique Plihon.
Taux d'intérêt (Les), n° 251, A. Benassy-Quéré, L. Boone et V. Coudert.
Taxe Tobin (La), n° 337, Yves Jegourel.
Tests d'intelligence (Les), n° 229, Michel Huteau et Jacques Lautrey.
Théorie de la décision (La), n° 120, Robert Kast.
Théories économiques du développement (Les), n° 108, Elsa Assidon.
Théorie économique néoclassique (La) :
1. **Microéconomie**, n° 275,
2. **Macroéconomie**, n° 276,

Bernard Guerrien.
Théories de la monnaie (Les), n° 226, Anne Lavigne et Jean-Paul Pollin.
Théories des crises économiques (Les), n° 56, Bernard Rosier et Pierre Dockès.
Théories du salaire (Les), n° 138, Bénédicte Reynaud.
Théories sociologiques de la famille (Les), n° 236, Catherine Cicchelli-Pugeault et Vincenzo Cicchelli.
Tiers monde (Le), n° 53, Henri Rouillé d'Orfeuil.
Travail des enfants dans le monde (Le), n° 265, Bénédicte Manier.
Travail et emploi des femmes, n° 287, Margaret Maruani.
Travailleurs sociaux (Les), n° 23, Jacques Ion et Bertrand Ravon.
Union européenne (L'), n° 170, Jacques Léonard et Christian Hen.
Urbanisme (L'), n° 96, Jean-François Tribillon.

Dictionnaires

R E P È R E S

Dictionnaire de gestion, Élie Cohen.
Dictionnaire d'analyse économique, *microéconomie, macroéconomie, théorie des jeux, etc.*, Bernard Guerrien.

Guides

R E P È R E S

L'art de la thèse, *Comment préparer et rédiger une thèse de doctorat, un mémoire de DEA ou de maîtrise ou tout autre travail universitaire*, Michel Beaud.
Les ficelles du métier. *Comment conduire sa recherche en sciences sociales*, Howard S. Becker.
Guide des méthodes de l'archéologie, Jean-Paul Demoule, François Giligny, Anne Lehoërff, Alain Schnapp.
Guide du stage en entreprise, Michel Villette.
Guide de l'enquête de terrain, Stéphane Beaud, Florence Weber.
Manuel de journalisme. *Écrire pour le journal*, Yves Agnès.
Voir, comprendre, analyser les images, Laurent Gervereau.

Manuels

R E P È R E S

Analyse macroéconomique 1.
Analyse macroéconomique 2.
17 auteurs sous la direction de Jean-Olivier Hairault.
Une histoire de la comptabilité nationale, André Vanoli.

Composition Facompo, Lisieux (Calvados)
Achevé d'imprimer en août 2003 sur les presses de l'imprimerie Campin à Tournai (Belgique)
Dépôt légal : août 2003